传世励志经典

儒雅的泰斗

蔡元培

刘 然 编著

中华工商联合出版社

图书在版编目（CIP）数据

儒雅的泰斗——蔡元培/刘然编著. --北京：中
华工商联合出版社，2015.7
ISBN 978-7-5158-1360-8

Ⅰ．①儒… Ⅱ．①刘… Ⅲ．①蔡元培（1867～1940）
一传记 Ⅳ．①K825.46

中国版本图书馆 CIP 数据核字（2015）第 149112 号

儒雅的泰斗
——蔡元培

作　　者：	刘　然
出品人：	徐　潜
策划编辑：	魏鸿鸣
责任编辑：	林　立
封面设计：	周　源
营销总监：	曹　庆
营销推广：	王　静　万春生
责任审读：	李　征
责任印制：	迈致红
出版发行：	中华工商联合出版社有限责任公司
印　　刷：	天津旭丰源印刷有限公司
版　　次：	2015 年 12 月第 1 版
印　　次：	2023 年 4 月第 4 次印刷
开　　本：	710mm×1020mm　1/16
字　　数：	200 千字
印　　张：	15.25
书　　号：	ISBN 978-7-5158-1360-8
定　　价：	59.80元

服务热线：010－58301130
销售热线：010－58302813
地址邮编：北京市西城区西环广场 A 座
　　　　　19－20 层，100044
http://www.chgslcbs.cn
E-mail：cicap1202@sina.com（营销中心）
E-mail：gslzbs@sina.com（总编室）

工商联版图书
版权所有　侵权必究

凡本社图书出现印装质量
问题，请与印务部联系。
联系电话：010－58302915

序

为了给《传世励志经典》写几句话，我翻阅了手边几种常见的古今中外圣贤大师关于人生的书，大致统计了一下，励志类的比例，确为首屈一指。其实古往今来，所有的成功者，他们的人生和他们所激赏的人生，不外是："有志者，事竟成。"

励志是动宾结构的词，励是磨砺，志是志向，放在一起就是磨砺志向。所以说，励志不是简单的立志，是要像把刀放在石头上磨才能锋利一样，这个磨砺，也不是轻而易举地摩擦一下，而是要下力气的，对刀来说，不仅要把自身的锈磨掉，还要把多余的部分都要毫不留情地磨掉，这简直是一场磨难。所有绚丽的人生都是用艰难磨砺成的，砥砺生命放光华。可见，励志至少有三层意思：

一是立志。国人都崇拜的一本书叫《易经》，那里面有一句话说："天行健，君子以自强不息。"这是一种天人合一的理念，它揭示了自然界和人类发展演化的基本规律，所以一切圣贤伟人无不遵循此道。当然，这里还有一个立什么样的志的问题，孔子说："士不可以不弘毅，任重而道远。"古往今来，凡志士仁人立的都是天下家国之志。李白说：大丈夫必有四方之志，白居易有诗曰：丈夫贵兼济，岂独善一身，讲的都是这个道理。

二是励志。有了志向不一定就能成事，《礼记》里说："玉不琢，不成器。"因为从理想到现实还有很大的距离。志向须在现实的困境中反复历练，不断考验才能变得坚韧弘毅，才能一步一个脚印地逐步实现。所以拿破仑说：真正之才智乃刚毅之志向。孟子则把天将降大任于斯人描述得如此艰难困苦。我们看看历代圣贤，从世界三大宗教的创始人耶稣、穆罕默德、释迦牟尼到孔夫子、司马迁、孙中山，直至各行各业的精英，哪一个不是历经磨难终成大业，哪一个不是砥砺生命放射出人生的光芒。

三是守志。无论立志还是励志都不是一朝一夕、一蹴而就的，它贯穿了人的一生，无论生命之火是绚丽还是暗淡，都将到它熄灭的最后一刻。所以真正的有志者，一方面存矢志不渝之德，另一方面有不为穷变节、不为贱易志之气。像孟子说的那样："富贵不能淫，贫贱不能移，威武不能屈。"明代有位首辅大臣叫刘吉，他说过：有志者立长志，无志者常立志，这话是很有道理的。

话说回来，励志并非粘贴在生命上的标签，而是融汇于人生中一点一滴的气蕴，最后成长为人的格调和气质，成就人生的梦想。不管你做哪一行，有志不论年少，无志空活百年。

这套《传世励志经典》共收辑了100部图书，包括传记、文集、选辑。为读者满足心灵的渴望，有的像心灵鸡汤，营养而鲜美；有的就是萝卜白菜或粗茶淡饭，却是生命之必需。无论直接或间接，先贤们的追求和感悟，一定会给我们带来生命的惊喜。

徐　潜

前　言

　　清末民初，国家的没落，造就了时代的乱象。介于这时代交汇之处的蔡元培，在人生的道路上，默默耕耘着，并成就了自己辉煌的功绩。

　　蔡元培降生之地笔飞弄，乃属中国文化名城绍兴。自古以来，绍兴就多是才人贤者孕育的地方。这座景色宜人、文化氛围浓厚的古城，养育着这位思想家、教育家和革命家。

　　年少时的蔡元培，显示出了非同一般的学习能力。在得到良师的指导之后，而能奋发图强，广泛涉猎，还自创了一种奇特的"怪八股"文风，使他在科场连连获益。即便父亲的早逝，家境的变迁，都没能阻止他前进的脚步，而母亲也对他寄予极大的期望。

　　懂事的蔡元培，体谅母亲的劳苦，他在科举仕途中一路攀登，摸爬滚打，最终登临仕途巅峰，为人所赞叹。

　　初任教育总长、唯才是举的他，网罗众多才学之士，无论是文学界，还是自然科学界，都能捕捉到他的身影。新的方针，新的政策，这位开明的部长，顶起了教育的大梁，学习西方先进的制度，借鉴他们先进的模式，让中国的教育开始步入正轨。

6 年北大的治学，俨然已成教育界的传奇。兼容并包，思想自由，蔡元培开创了一代前所未有的风气，不管北大前身如何，在他掌管之下，都将是教育新的转折点。北大从此开辟了新天地，孕育催生了那惊世骇俗的五四爱国运动。"劳工神圣""外争国权，内惩国贼""宁为玉碎，不为瓦全"的响亮口号，无不埋藏着蔡元培的良苦用心。

蔡元培曾经自评道："性近于学术而不易于政治。"这句话揭示了他人生的偏向，重学术、轻政治。化身行者，蔡元培辗转在政治、教育、学术三界，将他集合中西的思想，化在实践之中，他并非善说而不善做者，在每一领域，都颇具影响力，为后人铭记。

毛泽东曾评价他说："孑民先生，学界泰斗，人世楷模。"的确如此，作为政界的元老、近代教育的先驱、学界的宗师，蔡元培对自身的生活从不奢求，甚至晚年，在香港租房而居，而后才有"祝寿赠屋"的笑谈。

科举求仕、潜研西学、担任总长、主持中研院……一介寒儒，书生本色，软中带硬，外圆内方。顺利之中，又显坎坷；坎坷之中，又带着幸运。这就是蔡元培的一生。而倘若没有这位超前的伟人，彼时北大的辉煌，又有谁人可以创造呢？

目 录

第四章　六年治北大

第五章　新文化运动

第六章　元老生激变

第七章　学界之泰斗

第一章　青云显风华

1. 盛衰磨其心

会稽和山阴这两座城，明清时均属绍兴府，绍兴府有八县，山阴、会稽两县署与府署同城，两座小城，隔河相望。而在民国时期，此府就荒废了，于是，这两座县城合二为一，变成现在人们所熟知的绍兴。

绍兴，极具特色和韵味的江南水乡。晋代书法家王羲之曾说过，"山阴道上行，如在镜中游"。城的背面是杭州湾，南靠会稽山，塔影倒映，千岩竞秀，万壑争流，可谓景色怡人。

绍兴的文化积淀也甚是深厚，是享誉全国的文化古城。它在景色优美的同时，更是造就了很多优美的传说，养育了许多杰出的学者、诗人、书法家、政治家等。

相传上古时代，帝王虞舜，曾亲临此地，巡守游憩，因此，这里至今还保留了一些地名：舜王山、舜山庙、巡守台、舜江等。相传大禹在治水之后，曾在茅山会同诸侯庆功，禹死后就把这座山改做了自己的墓地。于是，后人就把茅山改名为会稽山。

1868 年 1 月 11 日（清同治六年十二月十七日），蔡元培就降生在浙江省山阴县城中笔飞弄故宅，家中世代经商。因此，相比之下，蔡先生的家庭在当时还算是不错的。祖父蔡嘉谟在当地早已经商，并育有 7 个孩子，长子蔡光普为蔡元培的父亲，是一个钱庄经理，其母为周氏。

蔡光普又名宝煜，字耀山，一向待人和善、友好，是慷慨之人，和朋友交往，宽松随和，他最为突出的特点是，"有货必应，欠者不忍索"，朋友们都称赞他：待人接物都恰到好处。然而，家人却常揶揄以"爱无差等"。

母亲周氏，精明而慈爱，却又不乏严厉，特别是对她的儿女的教育，是典型的贤妻良母。

蔡元培，乳名阿培，家中的兄弟姐妹，一共 7 人，他在家中排行老四，两岁时，由奶娘陈氏抚育。同他的兄弟姐妹相比，小阿培生性平和，举止娴静。

一次，女佣带阿培兄弟下楼游玩，没想到女佣抱堂兄下楼之后恰逢他事，慌忙之中，竟然忘记了小阿培。让人意想不到的是，小阿培直直地端坐在楼口，等待女佣，淡定自若，很久之后才被家人发现。

蔡元培 18 岁以前，从未离开过家乡，因而这里占据他整个生命历程的三分之一还多，家乡的文化氛围之浓厚，使得蔡元培耳濡目染，这对其日后的成才无疑产生了潜移默化的影响。

1873 年，小阿培正式进入自家延师开设的私塾，习字读书，年仅 6 岁，按照辈分的先后，给小阿培正式定学名为元培，家中唯一一个从事文学的六叔，给他取名为鹤卿。私塾老师是一位周姓先生，即元培的首任老师。那时候私塾的功课教授很有规矩：

先生坐定，学生站在一旁，先生先读，学生随之听声模仿，最后回到自己的座位上一起高声朗读。蔡元培就跟着他诵读《百家姓》《神童诗》等启蒙读物，然后就是四书五经了。

当然，除了读书之外，还有两种课：习字和对课。蔡元培曾回忆说："习字，先用描红法，即购得红印范本，用墨笔描写。先由先生把住学生的手，依样描写，连笔画的先后也指示了。进一步摹写，是墨印的或先生写的范本，叫作影格，用纸蒙在上面，照样摹写，与现在用拷贝纸的样子相同，再进一步临写，是选取名人帖子，看熟了，在别纸仿写出来。"

对课，简单来说，就是由老师出一字，学生对出一字，字数逐渐增多，而且必须以名词对名词，动词对动词，不仅词义相似，词性还要相近。诸如，天对地、山对水，桃红对柳绿等。等到四个字的对课已经合格，就可以学作五言诗了。这种对课游戏是作诗文的基本要求，其形式对应而又善于变化，聪慧的蔡元培甚是喜欢。

随后几年时间，他摒除世尘，专心读书，逐渐进入门径。读书入迷之时甚至可以一边嚼豆一边读书至忘我之状。

某日傍晚，蔡元培像往常一样在家中读书学习，家中突然失火，家人都惊骇不已，急呼其出家门，而他却因专注读书而浑然不知。

在蔡元培 11 岁那年，父亲蔡光普因病逝世。因蔡光普从不忍向人索欠债款，故而其去世后，家中并没有积蓄。家庭重担全由母亲周氏独自肩挑，经济状况每况愈下，加之家中人口较多，渐入困顿，"世交中，有欲集款以赡其遗孤者，母亲周氏均不肯接受，亲力辞之"。

蔡家已今非昔比，周氏又"亲力辞之"，一家人生活之窘况可想而知。幸而，蔡元培的父亲在世时待友深厚，一班朋友此前有借贷者，彼时都会主动去还债。如此，周氏凭着这些还款，又典当了些衣物，艰难地将几个儿子抚养成人，并时刻教诲他们，一定要自立、自强，不依赖旁人。

蔡光普的好友章叔翰在其去世的挽联上说："若有几许精神，持己接人，都要到极好处。"蔡元培亦曾深情回忆道：

> 我母亲是精明而又慈爱的，我所受的母教比父教为多，因父亲去世时，我年纪还小……母亲最慎于言语，将见一亲友，必先揣度彼将怎样说，我将怎样对。别后，又追想他是这样说，我是这样对，我错了没有。且时时择我们所能了解的，讲给我们听，为我们养成慎言的习惯。我母亲为我们理发时，与我们共饭时，常指出我们的缺点，督促我们用功。我们如有错误，我母亲从不恕骂，但说明理由，令我们改过。若屡诫不改，我母亲就于清晨我们未起时，掀开被头，用一束竹筷打股臀等处，历数各种过失，带我们服罪认改而后已。选用竹筷，因为着肤虽痛，而不致伤骨。又不打头面上，恐有痕迹，为见者所笑。我母亲的仁慈而恳切，影响我们的品性甚大。

家人的和谐相处，父亲的慈爱随和，母亲的节俭慎言，使蔡元培耳濡目染，形成了蔡元培日后宽厚、自立、勤俭的性格。

因蔡光普病逝这一变故，使得周氏每天一副忧心忡忡的愁苦面容，小小年纪的蔡元培看在眼里，急在心里，听母亲与诸长辈的谈论，也稍稍明了由盛而衰的缘故，感触良多。

原本无忧无虑的蔡元培，此时却也思绪万千。他感受到家庭衰落的痛楚，也因了这一变故，使得他读书的环境改变了很多。其时，蔡家已经无力再请塾师，蔡元培也只能就近读书。

读书之初，他先是寄居到姨母家，在那附读一年，之后由姨母家转到李申甫的私塾馆读书。这位李申甫先生的教学方式注重的是背诵，每天上课，自己先读诵一遍，之后让学生们循声照读，而后让学生回自己的位置上再次读诵，直到可以背诵为止，剩余时间则温习已读的各书。

在上课以前，把读过的书统统送到先生的桌上，背对先生而站立，先生在每一本上撮一句，让学生背诵下去，倘若哪个背不下来或有差误，打手心便是免不了的。而下一个学生背诵时若有差池，就得加倍打手心。这位李先生对学生的要求极其严格，学生若不达其要求，便会对学生苛责体罚，来此念书的学生几乎都被李先生责罚过。

一次，李先生要求蔡元培背诵《易经》，蔡元培频频出错，最后竟被李先生责打手心数百下。

不过，也正因有这么一位严厉的老师，才成就了日后优秀的蔡元培，也使他在日后科考中展示出了其显达的独门功夫——八股文。

2. 苦心励志时

时光流传，蔡元培离开李先生处到离家不远的探花桥塾馆，继续学习、深造。

塾馆的老师王子庄先生，讳懋修，设馆于探花桥，是会稽县学增广生员，精通八股文源流和技艺，闻名于世，教书二十载，当时馆内学生不下 30 名。

蔡元培 14 岁时，拜在他的门下。年少的蔡元培，求学拜师，得到众多名人的帮助，相对而言，王子庄是对蔡元培最具影响力的老师之一。

幼时，蔡元培已经学过四书和五经之《诗经》《尚书》《周易》，被删掉丧礼内容的《小戴礼记》也已经读完，正在研读《春秋左氏传》。况且，经六叔的精心指导，他已熟知《史记》《困学纪闻》《汉书》等书籍，学业的根基已经建立，而其求知欲正处旺盛，所以王先生对他"策励尤挚"，颇为器重。

王先生对蔡元培甚是看中，可谓重点栽培，严格禁止他看一切"杂书"，就连《三国演义》《战国策》这样的书都看不得。

王先生对蔡元培的八股文练习，要求更是严格。那么，所谓"八股文"到底为何？蔡元培这样描述过：

> 八股文始于宋人的经文，本是散文的体裁，后来渐渐参用了排律诗与律赋的格式，演成分股的文体，通常并称八股，到我学八股的时候，已经以六股最普遍了。
>
> 六股以前有领题，引用题目的上文，是"开篇"的意义；六股以后又有结论；可以见自领题到结论，确是整篇。但是领题以前有起讲（或称小讲），约十余句；起讲以前有承题，约四五句，二十余字；承题以前有破题，仅二句，约十余字；这岂不是重复而又重复吗？我以前很不明白，现在才知道了。

这原是一种练习的方法：先将题目的一句演为两句（也有将题目的若干句缩成两句的，这是能作全篇文章、有一定功底的人所为）；进一步，演为四句；再进一步，演为十余句，最后才演为全篇。照本意讲，有了承题，就不必再有破题；有了启讲，就不必再有破题与承题了；有了全篇，就不必再有破、承与启讲；不知道何时的八股先生，竟头上安头，把这种练习的手续都放在上面，这实在是八股文时代的笑柄。

这种做法对于初学者来说，是一种由简而繁、循序渐进的方法。但科举中，弊端犹是明显，使它早已失去了原有的意义和作用。

后来蔡元培对此深有感触：与其守成法，毋宁尚自然；与其求划一，毋宁展个性。

他还曾明确表示，这种教育的弊端在于：忘记了教育的初衷，教育以考试为重，培养的目的是科名仕宦，那些可解的自然现象、社会状况，所涉甚少。

蔡元培在《新教育与旧教育之歧点》中说道："如吾人之处置无机物然，石之凸者平之，铁之脆者锻之；如花匠编松柏为鹤鹿焉，如技者教狗马以舞蹈焉，如凶汉之割折幼童，而使为奇形怪状焉。追想及之，令人不寒而栗。"

可是这种教学方式，也使得蔡元培涉猎更加广泛，王先生在授课时，不拘于某一例，而广谈明季掌故，评判先人优劣得失，尤其爱讲曾静一、吕留良等人，为他们抱不平。

课余之时，王先生爱好碑帖，常常翻阅《金石萃编》仔细研读，和朋友对答，以"西厢淫词"相调侃，便成了学生的谈资。

蔡元培对王先生记忆尤为深刻，他在《我青年时代的读书生活中》写道：

"对于我们未成秀才的学生，除经书外，不许乱看书，然而先生自己确是可随便看书的。有一日，先生对一位朋

友，念了'你半推半就，我又惊又爱'两句话。有一位年纪大一点的同学，笑着说：'先生念了西厢的淫词了。'

"有一日，我借得一本《三国演义》，看了几页，先生看见了，说：'看不得，况且演义里边所叙的事，真伪参半，不看为妙。将来进学后，可看陈寿的《三国志》。'

"那时，我们读书都是为考试起见，既如，《礼记》里面关于名篇名节，都删去读，因为试官均有忌讳，决不出丧礼的题目。有一日，我借到一本《战国策》，也说看不得，先生的意思，我们学作小题文时，用字都要出于经书；若把战国策一类书的词句用进去，一定不为考官所取。这样的读书，照现代眼光看来，真有点可怪了。"

王先生的这种做法，跟其他塾师有所不同，对蔡元培产生了巨大影响。

王先生专于写作，时常指导蔡元培写文章，其见解独特，对不符规范之处，不是立即喝令改之，而是轻微提醒，令其自悟，发现错误并改正，此种做法，也非一般私塾先生可比的。

蔡元培在年少时期最崇拜宋儒，这与王先生崇尚宋明理学，喜好读相关著作有关。王先生还不时向这些学生询问比如陆九渊、朱熹等大家的主张，表达自己的学术看法，显然，这对蔡元培一生影响深远。

此外，蔡元培元古训仿行、尽孝道，这一行为，也一样是王先生教育的结果。而谈及教导，蔡元培的母亲周氏同样功不可没。

周氏在儿子求学的那些年，默默付出，在其身上倾注了大量心血。七子夭折其四，辛苦养育剩余三子，这位极其不幸的中年妇人，苦苦地支撑着这个家。在那样的年代，对于这样一个女人来说，她的艰难困苦，的确是常人无法理解的。

即便家境有所改变，周氏对孩子的教育仍是非常的重视，对诸儿勉励诸多，尤其是二儿子蔡元培，督谴甚严。

晚上，蔡元培会挑灯习课，周氏便常常坐在其旁，看儿子学习，有时直到夜深，看到儿子困倦，疲惫不堪，就劝儿子早些休息，待次日清晨再叫醒儿子，补完昨夜功课。

这便有了"熬夜不如早起"一说，久而久之，蔡元培便养成了这个习惯。

母亲对蔡元培寄予厚望，希望他能考取功名，改变命运。因此蔡元培每次参加科考，母亲都会早起烧饭，置备行囊，照顾得极其周到。

然而，造化弄人，蔡元培幼时的创伤还未痊愈，更大的"灾难"又降临在这个尚未成熟的少年头上。1886年春，蔡元培的母亲永远离开了这个家——这个原本就困窘落魄的家。这对他的打击是十分巨大的。

周氏患的是肝病和胃病，蔡元培几乎用尽了办法，乃至信奉先人的方法，和药侍奉母亲，只希望母亲能消除病患，益寿延年。但劳顿一生的母亲，还是早早就离开了世间。

蔡元培为尽为人子的孝道，执意躬行寝苦枕块的古制，星夜守护母亲的棺木。丧期未过，蔡元培兄长为他订婚，他自觉此乃大不孝，毅然取消婚约。

蔡元培这些恪守古礼的举动，确实让人看到了真正的他，一个执意追求理学风范的君子。

对于母亲周氏的苦难经历，善解人意的蔡元培深切地观察，历历在目，十分理解母亲。母亲的爱，已逐渐升华成一种理性的观念。后期蔡元培提倡女权时，母亲对他的影响，也是导致其行为的根源之一。

此时，年近 20 岁的蔡元培，这个商家青年，走上了一条科举求仕的道路。

早年丧父，青年丧母，十年寒窗，科举求仕，蔡元培已初出茅庐。

3. 仕途初显达

古罗马著名的哲学家塞加内曾经说过："教诲是条漫长的路，榜样是条捷径。"年轻人的身上，激情无限。在他们最具活力的年月，优秀的领路人的指点，更能激发他们身上的力量。年轻人就如同初升的朝阳，会在这个过程中愈发灿烂耀眼。

其实，要说让蔡元培走上科举之路的人，非是旁人，正是其六叔蔡铭恩。

蔡铭恩，字茗珊，县学廪膳生员，工于制艺，兼治诗古文词，在绍兴授业，略有藏书，是蔡家世世代代读书登科的第一人。

在蔡元培十几岁时，六叔蔡铭恩指导其读书、写作，蔡元培从他那里收获良多。而随后蔡元培参加的各种小考，都是在六叔的帮助下完成的。

因此，尽管后来蔡元培顺利走上科举之路，连登高第，其对六叔也是敬重如常、执礼甚恭的。

在 1885 年之前，蔡元培就博览群书，精通八股，很幸运地考中了秀才，随之，又继续攀登高峰。

蔡元培的科举之路，并非一帆风顺。1885 年的中秋，蔡元培奔赴杭州，第一次参加这种在省城举行的乡试。考完后蔡元培湖上泛舟，品茶漫游，领略优美的湖光山色，却全然不知自己已名落孙山。

失败会让人苦恼，但也不见得一定是坏事，更何况人生哪能没有挫折。即便这次乡考失败，不能进取，但正因为这样，才促进蔡元培后来不断地变化。

第一次失败，并没击垮蔡元培。翌年，他放弃了继续当私塾老师的机会。同乡的先辈田宝祺，将他介绍到徐树兰府上，充当其侄徐维则的伴读，兼为徐氏校勘书籍，这样来说，一举两得，蔡元培既能读书也能校勘。

田宝祺，字春农，亦城中大户人家，蔡元培六叔在他家担任塾师好些年了。田宝琪把蔡元培推荐给了徐氏，源自其欣赏蔡元培的才华，认为他日后必成大器，是可造之人。蔡元培也正因为此友，深明大义，才可继续深造。故而，蔡元培把田宝祺视为"人生第一个知己"。

徐家乃大家，坐落在水澄巷，距离蔡家较近，仅一里之遥。家中主人叫徐树兰，以前做过兵部郎中和知府，后来因为母亲身体不好，回乡返里，没有继续出仕，只是致力于地方公益。他家建有铸学斋，家中藏书几万卷，而且自行编订刻印典籍，后来据此扩建，成为古越藏书楼。

是时，蔡元培为徐氏校勘了《绍兴先生遗书》之其四——《重订周易小义》《群书拾补初编》《群书拾补初遗》和《重论文斋笔录》以及《铸学斋丛书》若干种。

在徐家伴读的这段时间，蔡元培已经是二十几岁的年轻小伙，这个时候，是一生中学习能力最为强盛的时段，也是他人生中学习的大进时期。蔡元培在徐家读书、校书，得以博览群书，取书中之精华，化为自身的归旨。他在自述中也说道：治经偏于古训及大义；治史偏于儒林文苑诸传、艺文志及其他关系文化风俗之记载。

蔡元培治经学，偏于大义，这与他受到常州学派的今文经学家的影响有关。在这段时间内，他"度庄方耕氏、刘申受氏、宋于庭氏诸家之书，乃致力于《公羊春秋》，而佐之以太史公书，油油然寝馈于期间。"这些人都是清代乾嘉年间常州学派的代表性人物，他们致力于今文经学，专治《公羊春秋》。他们好用微言大义，比附现实，对后来的经世致用的开端有着启蒙的作用。此时的蔡元培，对今文经学正有着极其浓厚的兴趣，想要编撰《公羊春秋大义》一书。

如此可见，常州学派对蔡元培的影响之深。这种治学的取向，与他日后投身社会变革潮流，具有某种意义上的联系。

在徐家读书和校书的同时，蔡元培和山阴龙山书院、会稽稽山书院也有一定的联系。他偶尔会在书院中写作八股文，却"以古书中通假字之字易常字，以古书中奇特之句法易常调"，这就是所谓的"怪八股"。

他自己说过："喜欢用王引之《经传释词》上的古字，俞樾《古书疑义举例》上的古句，来求文章之古奥与奇僻。"这种写法，一般人很难读懂。虽说这是蔡元培自己独特的思想所为，但也不是囫囵吞枣，毫无章法可寻。他的这种写法，在当时就被两书院的院长所欣赏。蔡元培用这种怪风格的文章，参加几次科举，还引来不少趣谈。

蔡元培在铸学斋期间，还结交了不少仁人志士，在读书的同时能结交朋友，此乃一举两得的好事。像精熟清代先人掌故的王佐，为人豪爽而善于作写桐城派古文的朱氏，以及能文能武的魏氏等人。还有一些年龄相近的朋友书生等，也会时常来此读书会谈。这些青年学者聚在此处，相约编撰大部头书籍，像《二十四史索引》《经籍纂访补正》等。然而这些大都是有头无尾的撰书计划，也就随议随罢，不了了之了。

对于蔡元培来说，这些年读书交友的生活是颇为惬意的。

1888 年秋，蔡元培第一次乡试失败后，开始了第二次考试，可悲的是此次仍然未中。翌年春天，蔡元培结婚了，夫人是钱庄出纳王荣庭的次女王昭，婚后不久，就第三次赴杭考试，这次是光绪帝亲政而举行的恩科乡试。

两次考试失败，让蔡元培的心里有一点小小的顾忌，然而这对他的影响不是很大，他依然保持着锐气与自己独特的个性。他将自己独特的"怪八股"，在考场中发挥得淋漓尽致，以至于乡试房官宦汝梅，阅其试卷后断定说是"老儒久困场屋者"所为。而主考官李文田，眼光独特且有远见，对蔡元培的文章大为赞赏，故而，蔡元培才得以考取第二十三名举人。考官对蔡元培答卷的评语是：不落恒蹊，语无泛设。引证宏博，词意整饬等。

蔡元培中举之后，很多人士争相传送抄录他的"怪八股"，并将其视为开风气之作，坊间刻印的怪八股特刊《通雅集》，把蔡元培的文章作为压卷，为同考科举的人士所仿效，在江浙一带产生了些许震荡。

当然，正统的八股家对此不以为然，把蔡元培的这种做法斥为"文妖"。其实，蔡元培的所谓"怪八股"仅仅是用周秦子的典故较多，为读书人扬眉吐气，达到"高头讲章"而已。

然而，这件事不能算是小事，它不仅对当时的科举人士的文章写法影响颇大，且还受到了一些上层人士的关注。当时在北京做御史的李慈铭，就对蔡元培早已有所耳闻，阅浙江官版《题目录》时，把全省己丑恩科一百三十七名举人中的蔡元培、沈宝琛二人的姓名、籍贯载入日记。

4. 科试显奇才

清代科举讲究的规矩繁多，不过蔡元培的才能早已显现，这并未影响他连登高第的劲头。

按照清代科举的惯例，在恩科乡试之后的第二年，要举行恩科会试。而刚中举不久的蔡元培，旋即于 1890 年进京赶考，此时，他 24 岁。这次出行是和同是举人的徐维则一起，他们先到杭州，后达上海，坐船抵达天津，换乘内河船游到通州，最后坐马车进入北京。真可谓千里风尘，只为赶考啊。

随后，蔡元培就参加了会试的初试，一共三场考试，会试房官王颂蔚审，阅过蔡元培的第一场试卷，感觉这根本不像八股文，十分奇怪。在看了第二三场试卷之后，又觉得这文章大气磅礴，非常人所能作，乃并三场荐之，且为延誉。

得到了王颂蔚的赏识，蔡元培最终取得了第 81 名贡士的成绩。当时科举中有这样的规定：会试考中为贡士，贡士须经复试列出等次，再参加殿试，考中即为进士。而复试和殿试的过程中，较为注重书法。

然而，蔡元培并没有立即参加复试和殿试，而是在两年之后才考的，这又是什么原因呢？

据曾任中央图书馆馆长的蒋复璁说：蔡元培考完会试就去拜见乡试中举时的考官李文田先生，把会试所写的文章交给他看，文田看后大摇其头，说此类文章怪异，在京城不一定会被看好，断难考取。蔡元培听后，不及发榜即废然而返。没想到自己却榜上有名，而来不及返回，所以就没参加复试和殿试。李文田大为诧异，后来想出这应该是房官王颂蔚欣赏蔡元培所为。

这一说法，是王颂蔚之子王季烈对蒋复璁说的。

而在蔡元培自述中，却这样写道："因殿试朝考的名次均以字为标准，我自量写的不好，留待下科殿试，仍偕徐君出京。"

后失而复得的李慈铭《郇学斋日记》记载了这件事的原委。蔡元培向来很敬仰李氏，在京城时，曾多次拜访李氏。这年的李氏日记记载道："四月十二日，是日会试填榜……知山阴中两人，蔡元培、俞氏；嵊县一人：沈宝琛，本东浦人也；又肖山一人，绍府共四人耳。四月十三日，蔡进士来；沈进士来。两生皆年少未习楷书，故不待复试而归。"

由此可见，李氏的日记不仅证实了蔡元培自写年谱的说法，也证明了其是在知道会试结果后而延期复试的。

蔡元培在归故返里之后，曾应邀以贡士身份担任官职，即上虞县志馆总纂职务。该馆在县城的经正书院里，他特别撰写的《重修上虞县志例言》，"大抵本章实斋氏之说而酌为变通，名目既不同于旧志，而说明又多用古字、句法"。特别是"人物志"的部分，"尽革陋规，不辞矫枉过正之消"。

蔡元培提出修志体例，当时的县志馆长很认可其所拟的体制"义例精当，卓然成家"，对其给予了很高的评价，后来把他的《例言》刊载在新修县卷末，供后人审识。

不过，这份修志体例，也遭到了很多人的反对，所以作出《罪言》一篇。于是蔡元培把自己拟写的编目和明代万历及清代嘉庆年间修旧县志编目列表做出比较，并说明其因何而革。

然而，并不是说明了就会有效果，事实证明蔡元培所做的一切都只是无用功，反对他的人并没有认同之意，反而形势愈演愈烈，蔡元培心中实难过去，便辞职回家了。

归家后，他并没有停止学习，又继续前往徐树兰铸学斋读书，所读的经史、所作的札记，汇成《知服堂日记》一册，用节气作为标识，从 1890 年的霜降到次年小暑，历时半年时间。

而后，在 1892 年的春天，蔡元培赶赴京城做殿试的补考。经过复试之后，他被列为第三等，参加在保和殿举行的殿试。而殿试只考策论，这正是蔡元培之所长。他博学强记，对试中有关西藏的策论题详尽地描述其"山川道里"，有些地方都能做到行政沿革，旁征博引。

真正有思想、有实力的人，总是能得到他人的赏识的。

蔡元培的《自述年谱》里对此有一番描述：

> 向来殿试是专讲格式，而不重内容的，只听说张香涛氏（张之洞）应殿试时不拘于格式，被取一甲第三名。我那时候也没有拘于格式，而且这两年中也并没有习字，仍是随便一写，但结果被取为二甲进士。

据说，蔡元培之所以复试再中，是得到了汪柳门先生的赏识。有一位阅卷大臣，说此字体不是馆阁体，不符合要求。汪柳门就说，他是学"黄山谷"的。于是大家在卷子后面画了个圈，就放在二甲了（根据清制，补行殿试者，不得入一甲）。

经过朝考之后，蔡元培被点为翰林院庶吉士。

考试结束后，蔡元培就留在京师，探访拜谒各有关人士。在拜访过翁同龢之后，蔡元培与其他同年相比，颇受这位帝师的关注，翁氏在当年 6 月 11 日的日记中曾记录下蔡元培的姓名、籍贯和简历，并以称赞口吻说道："新庶常来见者十余人，蔡元培乃庚寅贡士，年少通经，文极古藻，隽才也。"

这个时候的蔡元培，已经经历科举求仕的艰辛路途，正所谓青云有路。

在蔡元培"点翰林"后的第二年夏天，他先后到达宁波、上海，后又乘船沿长江向西游，游览南京、镇江、扬州和靖江县。大部分时间都是在外地游历过程中度过的，出游的同时，他不忘记录自身经历，回忆行踪。

秋风乍起之日，他又经过香港，到达了广州，在观赏华南名胜时又与在广雅书局任职的同乡陶氏等朋友酬酢诗文，这可谓学者之天堂！

近一年的游历过程，蔡元培广交朋友，游山玩水，几乎走遍了全国最早的沿海通商口岸，这对于一个受传统教育而成长起来的士大夫来说，让蔡元培拓宽了眼界，初步领略了西方的近代文明和洋务新政的新鲜气息，令其一些固有的观念得以改变。

1894 年春，蔡元培再次返乡，回到绍兴，后来又继续参加散馆考试。这是对翰林院吉士甄别以决定任用的考试。应散馆之后，蔡元培就被授为翰林院的编修。

从古城的商家少年，到国都的翰林院编修，27 岁的蔡元培已经达到了一般读书人认为是科举道路之极的程度。他一步步攀登，逐渐实现了读书人的梦想。

5. 洞察朝中事

就在蔡元培已跃上大比之巅，遥看青云之路时，"蕞尔小国"日本，羽翼已丰，也像西方列强一样，要用枪炮打开大清帝国的门了。此时的中国，又会用一种怎样的姿态来面对？

蔡元培从小受到的是"两耳不闻窗外事，一心只读圣贤书"的教育，而这场全方位的较量将要彻彻底底地改变中国，也使蔡元培的人生价值观，以及人生的道路大为改变。

1894年下半年，蔡元培才到翰林院供职，开始了自己的京官生活。应李慈铭之邀，他还成了李氏嗣子家的私家教师，为其讲授《春秋左氏传》。此外，李慈铭天津"问津书院"的课卷阅卷之事，也成了他的案头工作。平日里，蔡元培便住在李宅。

7月25日，举世震惊的中日甲午战争爆发。持续了半年多的战争伴随着北洋海军的全军覆没而结束，中国与日本签订了丧权辱国的《马关条约》。清政府不仅要赔偿巨额赔款，还要割让领土。

作为朝廷的官吏，蔡元培对战争的情况、结果自然清清楚楚。对于这样的国之大事，他也只能感慨关怀，深思其原因。当时的蔡元培是支持主战意向的，即使知道《马关条约》的消息，他仍然坚持："依宋、聂诸军，经数十战，渐成劲旅，杀敌致果，此其时矣。"可是清政府极端腐败，几乎是无药可救，这只能让初出茅庐的翰林青年痛哭流涕罢了。

是年7月，蔡元培在《杂记》中写道："……二十七日报谓：日人已发哀美敦战书，订期于昨日十二下钟开仗，据此，则中日已构兵矣。此间杳不得消息，未知若何。"

同年10月，蔡元培为了支持主战派，协同翰林院中一些有志之士共谋良策，他亲笔给朝廷写了奏章，名为《与文廷式等奏请密联英德以御倭人折》，奏章中明确表明：敌情叵测，宜出奇计，以弭兵衅。

蔡元培等人告诫政府，如果只能和不能战，则"和也不可恃，战败而遂和，则国必不复振"。

蔡元培在折中还引用了兵法中"善败不亡"的名言，希望让清政府清醒起来，从失败中找到不足，转败为胜。

1895年，随着中日甲午的战败，条约的签订，蔡元培难以掩饰心中的愤怒之情，在《杂记》中这样记述："上决与倭议和，和约十事。其大者，割台湾，割奉天辽东以东，遵海而南至旅顺，给兵费二万万，定七年毕给。倭人驻兵威海，岁给兵费五十万。俟二万万毕给，乃退兵。皆允之矣。日蹙百里，日伏祸机，韩魏于秦，宋于金，不如是之甚也！"又言："倭饷竭师罢，不能持久……依宋、聂诸军，经数十战，渐成劲旅，杀敌致果，此其时矣。圣上谦抑，博访廷议，而强臣跋扈，政府困茸，外内狼狈，应疑恫侣，以成场灶之计，聚铁铸错，一至于此，可为痛哭流涕长太息者也！"

《马关条约》的签订，极大地刺激了整个中国，尤其像蔡元培这样的敏感知识分子。他为清政府的无能痛哭，更为民族、为国家痛哭！

诚然，中国败仗以及不平等条约的签订，始于鸦片战争，但那个时候，国人普遍认为，这些都是科技的因素，国外的坚船利炮难以敌对。吃败仗，割地赔款，也是无奈之举。

嚣张的日本，不但在战争上取得了胜利，也像其他列强那样向中国开刀。

于是，国人在压迫下惊醒了。蔡元培在《绍兴推广学堂议》中说道：甲午以后，中国睡而将醒。

甲午之后，中国的半殖民地化程度进一步加深。屈辱中的国人，尤其是把"国家兴亡，匹夫有责"视为己任的知识分子，不得不对过去进行深刻反思。

渐渐地，有识之士终于懂得打开国门看世界，以及富国强兵的道理。他们认识到，中国的封建专制制度，也是造成中国落后的重要原因，"师夷长技以制夷"并不能彻底改变中国，政治的改变才是势在必行的。

而如何才能解决这个问题？

当时有两条路，一是坚持康有为、梁启超为代表的改良主义道路；二是走孙中山为代表的革命道路。

1894 年 11 月 24 日，孙中山在美国檀香山成立"兴中会"，口号是"振兴中华，挽救危局"。次年初，孙中山将总部设于香港，明确提出"驱除鞑虏，恢复中华，创立合众政府"。

这一口号的提出，直接表明了"兴中会"反封建的革命性质。可在当时，"兴中会"的思想并未得到广泛接受，只是在少部分知识分子中流传。

故而，改良主义应运而生。康有为、梁启超为代表的戊戌变法运动产生一定影响。而早在 1888 年，康有为就曾上书光绪帝要求变法，可当时并未被批准。

1895 年，《马关条约》签订的消息传到京城，此时，康、梁二人正逢会试。5 月 2 日，他们二人联同 1300 多名举人联名上书，请求变法，表明变法的重要性，倘若不及时变法，外国入侵会更加严重，人们的反抗也会日益增强。

光绪帝深受震动，也不愿作亡国之君，于是下令筹划此事。1898 年 6 月，光绪帝排除众议，下诏变法。

可好景不长，是年 9 月，慈禧太后发动宫廷政变，囚禁光绪帝，而康、梁二人遂亡命日本，剩下谭嗣同、杨锐、刘光第、康广仁、林旭、杨深秀，即为"戊戌六君子"，被杀于北京菜市口。至此，维新变法宣告失败。

蔡元培对戊戌变法的态度固然赞许，他曾说过："维新党人，吾所默许。"可他却并未参与其中，这又是何缘故？

他在《口述传略》中解释道："康、梁新用事，拜康门者踵相接。孑民与梁卓如君有己丑同年关系，而于戊戌六君子中，尤佩服谭复生君。然是时，梁、谭皆在炙手可热之时，耻相依附，不往纳交。直至民国七年，为对德宣战问题，在外交后援会演说，始与梁卓如君相识。其孤僻如此。然八月间，康党失败，而孑民即于九月间请假出京，其乡人因以康党疑之，彼亦不与辩也。孑民是时持论，谓康党所以失败，由于不先培养革新之人才，而欲以少数人弋取政权，排斥顽旧，不能不情见势绌。"

可见，蔡元培之所以未参加变法，原因有二：一是康、谭在炙手可热之时，他"耻相依附"；二是他与改良派走的是不同的道路。

这是蔡元培自己所说的原因，而非世人所想，他对康有为、梁启超二人的为人不满，他曾对梁启超的《读西学书法》批评道："取《西学书目表》之识语演简为繁……末篇立意本正面窜入本师康有为悖谬之言，为可恨也。"

蔡元培和康、梁二人有人格上的差异，不过最重要的还是主张的不同，道路的不同。康、梁主张的是变法以强国之路，而蔡元培选择的是以教育救国的道路。

加之变法失败之后，六君子于北京被杀，而康、梁二人逃亡日本，蔡元培对他们的行为更是颇为不齿。

其时，身为京官的蔡元培，对朝廷也有了略微的感触，无形中，他渐渐发生了改变。

6. 弃官归故里

1894 年底，李慈铭作古，李家南迁。彼时，蔡元培搬至京城一胡同内的绍兴会馆。这一时段，他开始厌倦京官生活了。

次年夏天，鉴于对《马关条约》签订的不满，众多朝中人士纷纷请假离京。蔡元培的长兄也给他来信，告诫他要返归故里。不仅是别人的这些做法让蔡元培有了改弦易辙的念头，他自己在因中日甲午战败而心灰意冷的气氛中，对久居京城而徒有虚名、无所作为的状态也甚是不满。

他曾在给广州陶濬宣的信中言及："夏秋之间，拟重游岭表，向茶陵夫子乞广局一席。"此即是蔡元培向两广总督谋求广雅书局的职务。

这一年的冬天，蔡元培请假一年，回到故乡。在回家的路上，他去拜访了名人张之洞，其实这也只是出于礼节的缘故。可在张之洞那里，恰逢康有为会试时的房师余诚格。其时，张之洞对康有为大加褒赞，"才高、博学、胆大、识精。许为杰出的人才"。

蔡元培听到他对康有为的评价，不禁陷入深思。因他曾经以读书人的眼光考察了康有为的《新学伪经考》，并对其中的一些做法不以为然，可没有过多地去思考其人。然他又对刚过去不久的康有为发起的"公车上书"的伟大壮举十分赞叹，今时加之张之洞对康有为大加赞美，蔡元培对康氏态度骤变。

话又说回来，其实改变的不仅仅是蔡元培自己，他似乎也察觉到，在中日甲午战争之后，整个社会风气也在不断地改变……

1896 年，蔡元培赋闲在家有一年之久，期间，他开始接触新学著作和译本书。此前，中日甲午战争爆发之时，他就在北京阅读了不少有关国外的书籍，例如《日本新政考》《环游地球新录》等。这让他对日本、欧洲乃至世界的情况产生了浓厚的兴趣。

后来归乡，他又浏览了日本冈本监甫的《日本史略》、沈仲礼的《日本师船考》、郑观应的《盛世危言》、梁启超的《西学书目表》和《读西学书法》、华蘅芳的《算草丛存》以及《游俄汇编》《电学源流》《电学纲目》《光学量光力器图说》《声学》《代数难题》等。

一个读经史的翰林学士，此番能安心研读内容晦涩难懂的书籍，且涉猎甚广，是可见其令人吃惊的求知欲望的。

蔡元培涉猎广阔，读书多有评论。例如，他读完《盛世危言》后写道："此书以西制为质，而集古籍及近世利病发挥之。时之言变法者，条目略具矣。"又在读完《适可斋纪言》四卷时评论："其人于西学极深，论铁道，论海军，论外交，皆提纲挈领，批隙导窾，异乎沾沾然芥拾陈言，毛举细故以自鸣者。"后在通览了驻英公使馆参赞宋育仁撰写的《采风记》五卷后认为："记事有条理，文亦渊雅。其宗旨，以西政善者皆暗合中国古制，遂欲以古制补其未备，以附于一变主道之宜，真通人之论。"

在传统文化的积淀之下，蔡元培遥望西学新知，顿感其别有洞天之景象。

蔡元培在阅读了大量书籍之后，领略众多，感受颇深，更是看到了国外科学与文化之发展，他深知祖国的落后，这不由得让其内心升出一丝悲哀。极度渴求知识的他，此刻已是如饥似渴，迫切希望以己之力量为祖国做些事。然而这些，他也只是在心里想着，只盼望着有一天能做到这一点。

闲居家乡的这一年，除了读书之外，蔡元培还与学友交游。在这期间，他写了许多"酬应之作"，有祭文、墓表、室铭、楼记等。同时也写了许多七言律诗，因其文笔古奥艰涩，从他著名的"怪八股"就显而易见，其文如此，其诗亦是如此，故而后世流传的不多。然诗中偶有神句"人生识字始生忧，百感茫茫不自由"等，却是非常值得玩味的。

11 月，蔡元培始添丁进口，长子阿根出世，为了看望孩子，年底他便赶回北京请假。此行艰苦备尝，可"闻见特新，作诗颇多"。

1897 年初夏，蔡夫人携子来京，蔡元培便迁出会馆，与家人暂居"方略馆"，不久又迁入绳匠胡同寓所。有了妻子、朋友的陪伴，蔡元培在京的生活更加安定，偶尔的出游更增添许多情趣。

再安定的生活，也不乏总有动荡之时。京城的报纸消息频频传播，国土被列强瓜分，这一消息不断刺激着蔡元培的赤诚之心。

1898 年，在京城，维新氛围日浓，中文译本书已满足不了蔡元培，他开始学习外文，补充自己所缺。

蔡元培读书的变化，其实也伴随着其内心的变化。所谓心中所想，便会有所行动。从国文书籍，到译本书籍，再到不拘其科目，他都会拿来阅读。单从这一点上便可见，蔡元培在为心中所想积蓄能量。国家的事，就是他的心事。

是年 6 月，即是"百日维新"拉开帷幕之时，在此赘言数句：光绪帝颁布了一系列上谕，而官僚们却敷衍加搪塞，等待观望。蔡元培对变法深表赞许，只是当时的康、梁二人红得发紫，不免生出骄傲之气。故此，蔡元培置身事外，冷静观察，加上多年京官生活之体验，让他深知社会守旧实力的强大、维新变法之艰难。加之某些参政者一开始便露轻佻，就更让他反感了。

有记载云："新政期间，诏开'经济特科'，选拔'洞达中外时务'之特殊人才，蔡因供职宗人府的同乡葛宝华荐举曾前往应征。"这被看成是蔡元培与新政的"唯一关联"。

9 月，传来消息：朝中政变，戊戌新政只似一场空梦，于血雨腥风中陡然消散。官场仍是一片昏愦，民智尚未开启。

蔡元培悲愤之余，深切叹息道："康党所以失败，由于不先培养革新之人才，而欲以少数人弋取政权，排斥顽旧，不能不情见势绌。"他敬佩谭嗣同，因其铁骨铮铮，故而视之为自己的"先驱"。

昔日维新的朋友，都已烟消云散，就连行事稳健的好友也被革职，永不再用。在京为官的生活，蔡元培已经厌倦，他不再留恋，更不想在此停留，他决定另寻它路，施展才华。

同年10月，蔡元培请假离京，带全家南去，放弃了京城的职位，开始了新的人生。

世事路途多磨难，人生所想，何去何从，四年半的翰林生涯，多属乏味，此时蔡元培的前路仍是海阔天空。

第二章　教育始办学

1. 学堂任总理

1898 年深秋，蔡元培回到家乡。与京城相比，家乡一片肃杀景象，却显得格外平静、温馨与亲切。

蔡元培伫立在自家的庭院，往事历历在目，四周的一切，好像还未改变，这里寄存着他的思念。那块"翰林第"的门匾，让他倍感荣耀与辉煌。

然而，光宗耀祖的记忆已成过去；四年多的京官生活，只存下了蔡元培那份书生本色。

此时此刻，蔡元培心中生起一个念头，投身教育。每每想起教育事业，他的心中就立刻变得清晰起来。维新党的惨痛失败，他亲眼所见，并意识到非行此路，难以救国。在他心中，升腾起"志以教育挽彼沦胥"的信念，终致其踏上教育救国的途程。

回乡半月之后，蔡元培接受邀请，担任绍郡中西学堂总理。此学堂，是徐树兰向知府筹得公款建造的，并自命为督办（与现代校董无异），此外，又另聘一人出任总理（即校长）。

该学堂创立于 1897 年。校舍位于龙山脚下，西侧贡院，内有学子三十余人，状如日后的高小至中学程度。学堂开设的课程种类繁多，兼具中西学问，如经史子集的研学，又有西洋的物理、外语等。院内教师多为当地才俊，在当时，这所学堂也是颇为"维新"的了。

蔡元培来到学堂之后，开始招聘教职员工，筹备校内章程修订以及整理图书等工作。此外，他移居学堂，处理校务。原本外文课只有法语、英语两门，蔡元培经过思量，又增加日语科目，为此费劲一番周折请来了小川外雄，有了这位日籍教师，学堂外文课也增添稍许特色。

或许是觉得阅读对自己的影响颇大，蔡元培便鼓励学生课外阅读，并对许多读物进行"解禁"，特别是一些维新派的报纸，如《强学报》《时务报》《国闻报》等，以此来扩大师生的涉猎范围。同时，他将"究心学术，不沾沾于利禄"作为条件，广邀校内同人编写各类教科书。

兼任督办的徐树兰，慷慨解囊，资助图书印刷。另外，理科教学所需仪器、标本和教具等，亦是由他设法求购。蔡元培和徐树兰，尽心尽责地办学，如此大费周章，只有一个目的——提高教学水平。

日后的北大校长蒋梦麟、地质学教授王烈、中央研究院秘书马祁光君、浙江省教育厅科员沈光烈，均是学堂学生。据他们回忆，虽然国学占据学堂授课内容多数，但毕竟有西洋学术，他们就在这里了解地圆、雨的形成和燃烧原理，这是了解科学的开端。想来，这种办学程度在当时实属不易。

蔡元培在中西学堂任职期间，仍始终坚持学习，不停进修。

研读了严复的《天演论》、亚当·斯密的《原富》、斯宾塞的《群学疑言》等书。繁忙之余，他还翻译西方著作，以使自己对西方社会更为了解，以求弥高。他曾自述："得阅严幼陵氏之说及所以西儒天演论，始知炼心之要，进化之义，乃证之于旧译物理学、心灵学诸书，而反之于《春秋》《孟子》及黄梨洲氏、龚定庵氏诸家之言，而怡然理顺，涣然冰释，豁然拨云雾而睹青天。"

可见，严译书籍对蔡元培影响深远，因此，他将严复和谭嗣同并列，视为自己的引路人。此所谓"候官浏阳，为吾先觉"。

蔡元培喜好《公羊春秋》，因其三世说可阐释进化论观点，这把之前"常州学派"和西方进化论巧妙结合，从而包容外来学派，以求兼收平衡，这大抵便是"拨云雾而睹青天"的境界。

蔡元培读、译日文书《日清战史》《生理学》，开始自学英文。孜孜于外文学习，探知过程日益深化，他的个人政见也因此改变，由黄宗羲到全祖望，但凡民族大义，一以贯之，浙东学派，影响颇深。而现实如此残酷，民族激情旺盛，对旧法统观念冲击很大，现出一种政治激进，不甚确定。

当年学生回忆：1899 年，秋天半夜，中西学堂花厅内，宾客云集，杯盘交错，酒酣耳热。蔡元培出于己之内心，大声批评康、梁，称其变法不彻底，欲谋变革，非摒除清廷而不足为。

"己亥废储"之际，蔡元培"叛逆"之心，在给徐树兰信中尽显："元培而有权力如张之洞焉，则将兴晋阳之甲矣。"颇有取而代之之意。

当然信中所说，也许是蔡元培一时脑袋发热，不过他君臣大义的观念，早已模糊不清。他对朝廷也渐渐失去了信心。可此时的他却不等同于革命派，只是革命派更能代表他的内心想法罢了。

就在这小小的学堂内，亦有新旧派别之分，其中，新派有马用锡、杜亚泉等人，推崇进化论，排斥尊君卑民、重男轻女的陈规陋习。蔡元培自是支持新派教员，从而引发旧派的不服，他们便请来徐树兰干涉。

徐树兰是老辈，自然赞成旧派，新旧两派的内战也因此而愈演愈烈了。

徐树兰拿出《申报》，旨在压制新思潮，让蔡元培挂于学堂。出于对长辈的尊敬，蔡元培未有过激行为，不过仍致书痛诋，愤而辞职。

徐树兰与蔡元培观点不同，所以蔡元培不可能再任总理。蔡元培思量，倘若自己所管的学堂不能朝自己希望的方向发展，那还有什么意义？况且，新派本来就该取代旧派，这是历史发展，大势所趋，岂能让步？这成了蔡元培辞职的总因。

随后蔡元培经多方劝说，又回到学堂任职，可 1899 年 10 月，又因学堂停办离开了。这段时间，蔡元培还兼任两所书院院长，为时均一年。

在辞职风波中，蔡元培于剡山书院为编修学堂学员做过多次演说，并在文章中首次提出，将"当以益己、益世为宗旨"为治学宗旨，理当拜托"应试求官之积习，而急致力于有用之学"，以亲身所历告诫后人、鞭策学子要顺应时代潮流。

这些，是蔡元培早期教育思想的集中体现。可惜当时的蔡元培还没有能力让世人警醒。此外，蔡元培在筹办学堂之外，亦坚持社会公益，如出任嘉善县宁绍会馆董事。

在辞职的风波还未平息之时，蔡元培夫人王昭病逝，时年 35 岁。遭此劫难，蔡元培悲痛之余，撰悼文一篇，以祭亡妻。蔡元培在《祭文》写道："呜呼，以君超俗之识与夫劲直之气，其充其量足以偿余所期而无难，而孰意其中道而夭也夫。呜呼……早知君病入膏肓，当摒绝万缘，长相厮守，已矣，如宾十年，意忘情乃尔耶?"回想当年,蔡元培与王昭结婚后的几个月,一直在杭州乡试,考取举人。而后的几年又奔波在外,以求功名,在家陪伴妻子的时间并无多少。

一直到蔡元培在翰林院请了假,这才得以归家省亲,能和王夫人见上一面。1897年,王昭随蔡元培迁居北京,这使得他似乎有了些许家的感觉。

戊戌变法之后,蔡元培不愿再在京城做官,选择回到故乡,此时的王昭没有怨言,又随他一同南返。回乡后的蔡元培,脚步却始终没有停下过,迅速投身当地公益、教育事业之中,徘徊于临安、杭州等地。然而,他此时并未曾想到,夫人的生命已受到肝病的侵害,一日不如一日,直到1900年6月,王昭永远的离开了蔡元培。

痛上加痛,蔡元培心中烈火越燃越旺,便离开中西学堂,前往杭州,欲筹办师范学院,虽几经波折,但仍无结果。

期间,蔡元培结交了不少省界人士,与养正书塾教员林少泉、陈叔通等时相过从,进而结识学生汤尔和、马叙伦等名士,亦与颇具维新思想的"浙东三杰"之一的宋恕过从甚密,此外,他与章太炎的友谊也是始于此时。

蔡元培在绍兴筹建小学时,与友人童亦韩由杭州前往临安,途径余杭,顺道探访章太炎,章、童本是故交,便介绍蔡元培与章太炎相识。章太炎所出《訄书》第一版已印行,他排满思想尽显无遗,蔡元培主动探访,是看中章太炎乃志同道合之人,日后必有大用。

1901年,蔡元培在上海一地走动频繁,广收新式学堂和课程设置的参考资料,潜心研究,写出《学堂教科论》一书,交由杜亚泉所创书室印发。这是蔡元培第一本有关新学的论著,对当时的学堂影响颇大。

在此过程中，蔡元培和蒋智由、叶翰、王季同、汪允宗等人交往密切。当时，由蒋智主编的文摘性质的《选报》，王季同、汪允宗等人则在办理由蒯光典出资，专以刻印严译书籍为务的金丽斋书坊。

蔡元培的学堂任职之路，并不平坦，时而自信满满，时而又心灰意懒，但在每一项工作的背后，都付出了他巨大的努力，这也为日后的办学起了导向作用。

2. 南洋起风波

经历了在几所学校的任职后，蔡元培已经基本了解当时的教育情况。他深知办学条件的艰辛，新旧势力斗争的激烈，可一想到自己的教育强国之梦，又必须不屈不挠地奋斗下去。

1901年8月，蔡元培受到学堂邀请，协理校务，时隔一月，他经介绍到南洋公学教习中文。

南洋公学是由盛宣怀于1897年创办的一所晋代学校。校址在沪西徐家汇，即今天的交通大学所在地。义和团事件后，清廷推行"新政"，商约大臣盛宣怀接受建议，决定在公学增设"特班"，特班章程规定："西课余暇，当博览中西政事诸书。"显而易见，其目的是培养精通国内外时务的新型官员。此时的蔡元培，负责指导。

盛宣怀参考相关资料，确定选修门类和需读项目。所制定学科涉及众多，包括哲学、政法、外交、财经、文史、教育和自然科学等。学生只需选其中的一到两类，定期上交笔记，蔡元培轮流和学生谈话，当面指导，且每月都会加以考核。

"特班"之所以称为"特班"，是因其学生之"特"。特班所招学生均为国学功底深厚的青年。蔡元培在给他们评语或与他们交谈时，常灌输他们民权、爱国思想，要求他们放眼世界，掌握真才实学。同时，他还利用课余时间，教学生学习国文，练就出众的口才。他曾明确指出："今后学人，领导社会，开发群众，须长于言语。"为此，他常常组织学生练习演说、辩论，自己则站在一旁，指导演练。

致力于培养多才学生的蔡元培，为人师表，循循善诱，有良好的风范，独特的教学方式，深受学生的喜爱与尊重。

黄炎培回忆当时的情况时说："入室则图书满架，吾师长日伏案于其间，无疾言，无愠色，无倦容，皆大悦服。"由此可见，蔡元培与学子的关系甚为融洽。他在《口述传略》中，对其学生这样说道："是时，南洋公学开特班……学生中最为子民所赏识者邵闻泰（力子）、洪允祥、王茂孙、胡仁源、殷祖伊诸君，其次则谢沈（无量）、李同（叔同）、黄炎培、项骧、贝寿同诸君。"

蔡元培任职南洋公学时，张元济恰好出任校书院院长，二人志同道合，常彻夜畅谈，甚为契合。两人商合：合资办报，向国人译述外国报刊对中国的评论和报道，名为《开先报》，后更名为《外交报》。

蔡元培为该报写《叙例》，其中阐明宗旨道："荟我国自治之节度，外交之政策，与外国所以对我之现状，之隐情，胪举而博译之，将以定言论之界，而树思想之的。"稍后，张元济投资商务印书馆，建议设立编译所，拓展事业。

次年，编译所成立，张元济推举蔡元培任所长，负责组织编写新式教科书。此项工作，正是蔡元培企盼已久的，他邀约各类办学经验丰富、国外时事均了解的同人参与其中。

无论在哪个领域，蔡元培的思想始终是锐意求新的。他选编的《文变》一书，选文42篇，大部为近人所撰写，内容涉猎广泛，特别关注社会、政治、文化、伦理等问题。此书目的明确，就是让读者"寻其义而知世界风会之所趋"。

蔡元培的夫人王昭病逝后，身边人常劝其续弦，并为其介绍条件相当的女子。当时，妇女地位极其低下，而蔡元培自己却愿做表率，开男女平等之先风，遂提出择偶标准五条：（一）女子不需缠足；（二）须识字者；（三）男子不娶妾；（四）男死后，女可再嫁；（五）夫妇如不相合，可离婚。同乡的人，对于（一）、（二）两条，竟不易合格；而对于（四）条又不免恐慌，媒者无一合格，因而，蔡元培续弦的问题很久未解决。

林君为言都昌黄尔轩先生之次女黄世振，字仲玉，工书画，孝亲长，且居家待嫁。偶然间，蔡元培欣赏到她的画，很是欣赏，遂求人介绍。适时，黄家正在杭州，黄世振欣然接受蔡元培所提五条，即行订婚，二人于1902年元旦结婚。

婚礼在杭州举行，由于蔡元培反对旧习，仪式不循旧风俗，初开新风气。以带"孔子"二字红幛子代替三星画轴，以演说会代替"闹房"。婚后，蔡元培和黄仲玉前往上海，开始了新的生活。

其时，除了南洋公学的工作，蔡元培还参加了许多社会活动，如创办"爱国女校"，成立"中国教育会"等，均卓有成效。

1901年冬天，蒋智由、黄宗仰开创办学又一新潮——创立女校，并与蔡元培商量，蔡元培等人均大力赞同。当时，社会阻力很大，发起人均携家人一同参加。首次集会在蔡元培家中，黄仲玉到场，与大家合影留念。不幸，被吴彦复夫人看见，其两女儿都参加了此次集会，她甚是恼火，以骂相扰，筹办女校之事不得不暂时搁浅。

不过，妇女解放和受教育毕竟是时代潮流，难以违拗。虽经历周折，爱国女校还是于 1902 年 9 月正式建立，由黄宗仰发动犹太富商赞助，蒋智由出任校长。不久，蒋智由去日本，蔡元培接任。当时，学生仅十余人，大多为发起人的妻、女。不过，爱国女校在上海的影响却很大。

在筹建爱国女校过程中，蔡元培、蒋智由等人还发起成立中国教育会，初衷为推动教育事业发展。

当时，维新热潮席卷全国，新式学堂纷纷建立，人们倡言新学，热情高涨。但是，光有热情还远远不够，许多工作尚未开展。对于发达的上海——这个当时除北京外最大的城市来说，面对的最严重的问题，即是教材短缺。

中国教育会下设教育、出版、实业三个部门，各项工作接踵而来。启发民众，使青年走向革命，是创办教育会的深层意图。据李新的《中华民国史》记载，中国教育会章程写道："该会的宗旨是以教育中国男女青年，开发其智识而增进其国家观念，以为他日恢复国权基础为目的。"

当时蔡元培在会上说："我等所以设立此会者，实欲造成理想的国民，以建立理想的国家……乃纯然共和思想，所以从国民做起……"显然，其中隐含革命之旨。蔡元培在《我在教育界的经验》中也说："自 36 岁以后，已决定参加革命工作。"其中详述了创办爱国女校、中国教育会、爱国学社以及参加暗杀团等经过。事实上，教育会的建立，有两种意义：教育和革命。仔细想想，其实目的一致，并不矛盾。

蔡元培始终是将革命寓于教育之中的，他给学生讲法国革命史、俄国民粹派主张，希望学生们将来能有所作为。

　　然而随着局势的不断变化，教育会在教育上的工作未能很好开展，甚至教材问题都未解决。不过，革命方面，各种功能得以实现，所以教育会也就是个虚名罢了。表面办教育，暗中谋革命，教育会俨然成了传播革命思想的团体。

　　1902 年夏，蔡元培同高梦旦于暑假期间游历日本。在东京，恰逢北京大学堂总教习吴汝纶在此考察，蔡元培与之晤谈。那时，在日本的中国留学生表露着爱国之心，积极投身变革的热潮，这让蔡元培深受感染，尤其对"浙江二蒋"——蒋百里、蒋百器印象深刻。蔡元培本欲留一月，可吴稚晖被押解出境，遂又陪他回国了。

　　吴稚晖，名眺，又名敬恒，江苏武进人，曾任教于北洋大学堂和南洋公学，也是支持新派的典型人物。在南洋公学，他支持学生组织卫学会，提倡师生共管校园，学校反对，开除十余名学生，他愤怒辞职。其后，他又鼓励学生去日本留学，并亲自率队。

　　当时，留日学生想当陆军，清政府公使遵照旨意拒绝。吴稚晖又去公使馆请愿，仍不得果，且他和陪同者均被拘留，学生亦被遣散。之后吴稚晖虽被释放，但被限令回国。是时，吴稚晖身怀绝命之书，押解途中愤而跳水，意欲以死抗议，不料被警察救起，送到神户，押送到法国邮船。

　　蔡元培早已得知吴稚晖，其人训练学生卓有成效。二人又在南洋公学相识，蔡元培对他很是欣赏，因此蔡元培为吴稚晖积极奔走，极力挽救。

　　有消息称，日方将吴稚晖送到天津脱手，天津方面又将吴转交北京，查办之后，称其为"康党"。留学生欲求人搭救，蔡元培不顾自己安危，引为己任，主动护送。幸而路途顺利，无意外发生，邮船直达上海，之后终于脱险。

而在蔡元培归国后的几个月，一起大学潮在南洋公学爆发。

1902 年 11 月 14 日，学校学生伍正钧误将墨水瓶放于郭振瀛的讲桌上，郭振瀛发现此事后，认为是学生故意所为，故而斥骂学生不敬师长。校方遂宣布开除伍正钧，并给班级其他学生记大过处分。宣布一出，全班愤起，同学们与学堂总办汪凤藻交谈，要求辞退郭振瀛，取消开除、处分决定，总办却坚决不许。

15 日，五班学生决定全体退学。次日，总办行文道："五班学生聚众开会，倡行革命，着全体一律开除。"一时间，全校学生即行罢课之举，200 余名学生云集，与总办交涉，声援五班。

此时，蔡元培接受指派，前去和学生对话。他心中自是同情学生，不愿见学生学无所成，各奔东西。蔡元培召集特班学生谈话："汪总办不让我们完成学业，我们应该自动组织起来，扩大容量，添招有志求学的学生来更好的进修。"

是时，学生坚决要求学校收回成命，并决定等到第二天上午 10 点，如无满意答复，全体退学。学生态度坚决，可学校也寸步不让。次日，学校未能收回成命。午后，中院 6 个班与特班学生合计 200 余人，列队出校，一路高呼"祖国万岁"等口号。当日，由贝寿同领队，到张园拍照留念。此后，便有 145 名学生离开南洋公学。

学潮荡起，其实是新旧观念的冲突。当时，南洋公学课程设置一流，而校政管理却专制顽固，教员思想守旧。学生受新潮感染，早已萌发自由自主意识。观念的反差，最终导致了这次学潮的爆发。

这次公开的抗争，蔡元培坚持正义，向当局交涉，试图改变决定，保护学生。可事与愿违，结果未能成功，学校顽固分子毫无改意。蔡元培不畏流言，与学生共进退，毅然辞职，离开了南洋公学。

蔡元培心中的大愿不能实现，这令其十分失落，但此番离去，也未尝不是一个新的开始。

3. 创办爱国社

20 世纪的上海，乃是中国近代的通都大邑，常能领得风气之先。戊戌变法之后，不少仁人志士投奔此地。"庚子"事件后，海外反清力量渐起，其依托沪上租界，联络同道志士，展开活动。大批文人志士在此办报兴学，各种新式学说绝地而起，进而辐射全国。

蔡元培身为学界名人，在此期间很快便组织团体，谋划革命之路。时间虽不长，但这短短的三四年，就改变了他一生的政治归属。

蔡元培主持的爱国学社，活动多集中在 1903 年上半年。学社主要模仿日本西乡隆盛等人提出的"重在精神教育"的办学理念而所授各科学，皆为锻炼精神、激发志气之助。

蔡元培曾在学社祝词上说："希望同学们努力学习，用学到的知识、思想普及全国，就像神经联系着脑筋而遍布全身一样……学社如果能有这样的希望，那么中国的前途，就会因你们而有希望了。"

爱国学社刚刚创办时，困难重重。其中最主要的问题就是经费，有时候竟连吃饭的钱都拿不出。为此，蔡元培只得赶赴南京，求助蒯光典。而此时，蔡元培的长子病重，等到他到了码头正要乘船驶向南京之时，家人传来信息，称阿根已经离开人世了。蔡元培挥泪而去，托付友人为其办理丧事。几天后，他筹款归来，解决了学社的燃眉之急。

当时，学社中的不少教师乃是教育会成员。蔡元培负责讲授伦理，吴稚晖传授天演论，章太炎教高级国文，理科教员则由科学仪器馆的同人担任；英语教员由外籍女教师担任；体育教员为何海樵、何山渔。

教员们大多是义务教学，并非靠学社工资维持生计，而是有其他经济来源。后来学社和《苏报》合作，众教员为《苏报》写稿，报馆给学社提供资金支持，减少了学社部分经济压力。

爱国学社与一般的教学机构不同，它自由之风甚浓，凡事需众议，完全自治。社员以"联"为单位，20多人为一联，学生可任意组合。但凡学社要事，均由学联开会讨论决定，不得擅自篡改，最后由主持者执行。

进入爱国学社的学生，均反对专治压迫，极其期望民主、自治的制度。而学社总理的行为，刚好符合他们的意愿，令他们十分欣赏。事实表明，爱国学社兼任讲学与革新双重任务，是当时不可或缺的社会团体。

随着爱国学社影响力的增加，各地方退学风潮日益严重，来学社就学者日益增多。

1903年4月，南京江南陆师学堂因扼制学生思想，禁止学生读新书，致使31名学生退学。一些学生代表便纷纷向教育会和爱国学社求助。因此，蔡元培代表中国教育会、爱国学社对他们进行了援助。在蔡元培鼎力相助下，31名学生全部加入爱国学社。

同年4月，浙江杭州求是大学堂无理开除学生，导致80多名学生退学。退学学生欲仿效爱国学社，自建民塾，想请蔡元培等人略作指导。而蔡元培却因事务繁忙不能亲临，只能在《苏报》上撰文，以示声援。此时的爱国学社，已经具有一定规模，学生增到 150 多人。学生在校除了学习知识，还会参加各种社会活动。

蔡元培有着极高的政治热情，毅然决定参加革命工作。自是年 2 月，他便率领学生，举行演说，评时事政治，发表政治意见，这对后来的社会产生很大影响。3 月之后，他又同日本留学生遥相呼应，先后发起拒法、拒俄运动，揭露广西巡抚的卖国图谋，抗议沙俄侵占东北的行径。

当时有报道称，广西巡抚王之春为平定境内的叛乱之徒，欲奏让法国军队镇压，并向亨达利洋行借款，称事平之后，以广西路矿作为酬谢。

东京留日学生听后，极度愤怒，于 4 月 24 日致电朝廷，要求惩办王之春，还请中国教育会响应。随后，蔡元培率学社成员积极投身到抗法行动中去。

次日，在上海的广西人士以及各界代表于张园集会，爱国学社和中国教育会全体参会，蔡元培、龙泽厚、徐敬吾、钱宝仁、马君武、吴稚晖、邹容、叶瀚等人在会上发表演说，指出外国干预是亡国的原因，而两粤沦陷只是糜烂之始。

蔡元培呼吁道："全国人民的事，不是一两个省的事……现在我等对付王之春，要桂省人民先从本地阻挠此事，上海及各地遥为声援，遍告同志，就今日起，立一团体，专为阻法兵干涉而设。"

不久之后，拒俄运动事起。3 年前，俄国入侵我国东北三省，《辛丑条约》签订后，并未撤兵。直到 1902 年，清廷又和沙俄签订《中俄交收东三省条约》，规定俄军分期撤出东北境内。可军队还未完全撤出，俄又违反条约，不仅不撤兵，还提出新要求，企图继续霸占东北。消息传入群众耳中，引起大家强烈不满，于是更大的拒俄运动就此掀起。

4月27日，蔡元培率教育会和学社成员参加拒俄大会。4月29日，东京留日学生集会，揭露沙俄的罪行，组织成立拒俄义勇队，但遭到日本政府的阻挠，后改成军国民教育会，欲到前线作战，其中，汤尔和、钮永建先归国请愿。

4月30日，拒俄大会再次发起。这次大会比起上次，规模更大，除了学生之外，包括上海各界人士，到会人数达1200多人。大会上，蔡元培率先演讲："上海应设国民公会以议论国事，如东三省、广西等之最要问题。"于是将原拟的"四民公会"改为"国民公会"。之后，马君武等人先后发表演说，全场齐唱《爱国歌》。

大会进行中，留日学生来电，蔡元培当场宣读："俄祸日急，留学生已电北洋主战，结义勇队，愿赴前敌。望协助。"

电文读完之后，有人倡议说："吾辈非中国人耶？有表同情者，请从吾在草地向东鞠躬，以表对留学生之爱国心。"话音刚落，蔡元培便带领队伍朝东鞠躬，表达其对留学生的支持。蔡元培在演说中提议建立组织，协调行动，洋溢着爱国的激情，以警醒国人的愤慨。

随着学社工作的继续开展，人们渐渐认识到，只搞演说之类活动是不够的，必须有实际的行动才能更有成效。于是，爱国学社仿照东京留学生，也成立抗俄义勇队——后改名军国民教育会，进行军事操练。

此时，本是长袍马褂的蔡元培也主动参加，剪去长发，脱去长袍，躬身实践，共同演练。精神和实践相结合，学社工作对社会产生了巨大的影响。不久，蔡元培、吴稚晖让南京、杭州等地退学的学生，也转入爱国学社。

对于这些活动，一些顽固派是极端反对的。《申报》《新闻报》等几家大报，亦持有反对论调。因此，学社认为，只有建立属于自己的机关报，才能成为爱国学社之所需。

当官立学校学潮此起彼伏之际，陈范主办的《苏报》批"学界风潮"一栏，对其予以详细报道，让人耳目一新。随后，教育会和学社决定与苏报馆合作，报社每月为学社资助百银元。这样一来，蔡元培倾向革命的主张便有了媒体的传播，比起张园演说，此影响更为广阔。

《苏报》，本是上海一个普通小报，曾在日本驻沪领事馆注册，最初是为了宣传维新思想，后又转向反清革命。后经营不善，难以维持，办了两年后便于1898年转让给陈范。

陈范，字叔柔，号梦坡，湖南衡山人，是院江西铅山知县。因曾替百姓说话，冒犯洋人被罢官，后移居上海。陈范手中的《苏报》由汪文溥主笔，多无新意。而自从陈范入会，与蔡、吴联手，《苏报》便彪炳史册。

在此之前，南洋公学退学风潮之时，陈范的外甥沈联，正是南洋公学学生，又是退学潮的积极分子。陈范为了支持学生行为，特地在《苏报》中设立"学界风潮"栏目，专门记述各地学潮事宜。

如此，《苏报》渐渐成了教育会的机关报，也即是成为教育会和学社喉舌的原因。

蔡元培为《苏报》撰写文章多不可考，仅知《释"仇满"》。其时，革命烈士排满情绪甚烈，甚至有人主张"驱逐住居中国之满洲人或杀以报仇"，蔡元培的文章即对此而发。文章以平和笔调论证汉满两族同化的事实，认为满洲人实乃政治特权代名词，其特权有三：世袭君主，驻防各地，不治实业。文章批评那些"无满不仇，无汉不亲；时之有利于满人者，虽善亦恶；而事之有害于满人者，虽凶亦吉"的偏执，同时，也坚信"世运所趋，非以多数幸福为目的者，我成立之理；凡少数特权，未有不摧败者……民权之趋势，若决江河，沛然莫御"。

蔡元培在革命的同时，不乏冷静的态度。不过，此文被"反满热潮"淹没，并未有多少轰动。其时，人们根本不会发现其价值，等他们有所认识之际，已时过境迁了。

4. "铮铮"革命者

1903 年，章太炎从日本回到上海，被蔡元培聘为学社教员。不久之后，邹容在日本无法立足，也投奔到蔡元培这里。蔡元培安排妥当，还为邹容筹款，帮他出版《革命军》。5 月 27 日，章士钊被聘为《苏报》主笔，陈范让他大胆办报，不要顾及太多。

学社的活动及《苏报》的高论并非顺利。清廷和督抚大员，对蔡元培等人的活动，极其妒恨，这从他们之间的信函和公文就可看出。清朝驻沪大臣吕海寰下令，缉拿以蔡元培、吴稚晖等人为首要对象。这次缉拿，对于清廷来说不算什么，他们早已图谋纠缠革命志士，只是碍于租界法律，只得间接进行。

随着邹容《革命军》以及章太炎《驳康有为论革命书》等著作的发表，最终引起一场轩然大波。蔡元培后来回忆道："戊戌政变之后，黄遵宪留在上海，北京政府想逮捕他，而租界议会以保护国事犯自任，不果逮。自是人人视上海为北京政府权力所不能及之地，演说会之所以成立，《革命军》《驳康有为政见书》之所以能出版，皆由于此。"

在这样的情境之下，上海和工部局多次交涉，而工部局并未同意，只是由租界巡捕房传讯蔡、吴、章等人，传讯内容基本相当：你们只是读书人，说一些批评罢了，要是没有军火，他们要逮捕你们，我们会保护你们的。然而清政府压力不断增大，遂对这些"眼中钉"必须加以惩治。

就在此前，中国教育会和爱国学社却似内部分裂。学社的名气越来越大，原本经济拮据，眼下资金状况逐渐改观，学生不甘心由教育会代管财务，欲谋独立，他们之间的矛盾逐渐僵化。此外，在爱国学社和教育会主要领导人物中，也存有矛盾，如邹容、吴稚晖、章太炎之间的矛盾，尤为激烈。

部分人认为，学社乃教育会一部分，遭到了学社学生的强烈反对。他们发表文章称："会社实为平行的两团体，曾相互赞助，应互相帮助，学社主人不是教育会，应由自身掌管，与教育会非隶属关系"。

蔡元培身为教育会副会长，见学生有如此做法，大失所望，鉴于梁启超竞办《时务报》的前车之鉴，他便与会长黄宗仰商谈，提出让学社分立，这一提议得到了黄宗仰的同意。

可此时章太炎却持反对态度，而吴稚晖则袒护学生。在学社的各项活动中，吴稚晖影响很大，从演说到办机关报，在力主改选教育会会长、筹集经费等方面，他都有参与。吴、章间的思想文化分歧难以避免。可总的来说，爱国学社影响甚大，从张园演说到创立机关报，甚至改选教育会长，学社的功劳不可无视。

会、社分立引发的章吴矛盾，让蔡元培心灰意懒，加之官方弹压之风日急，他接受兄长的建议，辞去当前职务前往青岛，学习德文。不想仅十几日的工夫，"《苏报》案"发生，《苏报》被封，章太炎等人被刑拘，其余人四处逃避，爱国学社就此终结。显然，这场镇压行动，是清官方和租界同谋所为，目的是抑制革命派。

王朝的末世，人心涣散，清政府早已如软泥一般，随时可能垮台。就连查案的俞明震，也求网开一面。同是学界中人，他对蔡元培仰慕已久，不愿伤及"士类"，这也等于给章、陈等人透露消息，令他们有早作准备的机会。

蔡元培去青岛的原因，一是家人的劝说，二是为了谋求进一步发展。他在《口述传略》中说：

> "方子民尽力于爱国学社时，其兄鉴清亦在上海，甚危之。与戚友商议，务使子民离开上海。
>
> "然子民对于学社，方兴高采烈，计无所出。及其决计脱离学社，于是由沈乙斋君从容劝其游学，子民言游学非西洋不可，且非德国不可，然费安从出。沈未吾当为君筹之。其后告以汤、张、刘、徐等，均每月贷款若干，可以成行。于是，探行程于陈敬如君，则谓是时启行，将以夏季抵红海，热可不耐。盖以秋季行，且盍不先赴青岛习德语。于是有青岛之行……
>
> "子民到青岛不及一月，而上海《苏报》案起，不涉子民。案既定，子民之戚友，以为游学之说，不过诱子民离上海耳。今上海已无事，无游学之必要，遂取消每月贷款之议，而由子民之兄，以上海有要事之电，促子民回。既回，遂不能再赴青岛，而为外交馆译日文以自给。"

在青岛期间，蔡元培经陈范介绍，结识了《胶州报》的主办人李幼阐，学习德语。后又从师以德国教士，继续苦学。经过德国文学的洗礼，蔡元培对西洋哲学产生了浓厚兴趣，并希望有机会留学德国。同年秋冬时节，蔡元培应召回到上海。亲友答应资助他留学，实为促其离开上海罢了，此时的上海，谣传频频，但危险不复存在，蔡元培便暂时放弃留学之事，仍旧译日文，维系生计。

蔡元培经过一番历练，虽行事开始隐蔽又讲求策略，可涉足革命的程度丝毫不减。中国教育会和爱国女校屡受冲击，但依然存在。他借此机会，联结同道中人开展活动。狱中的章太炎、邹容，蔡元培也会定期探访。

是年冬天，沙俄占领奉天，拒俄风波再起。随后，蔡元培、刘师培、叶瀚等人发起成立"对俄同志会"，并与陈镜泉等人联合创立《俄事警闻》，意在研究拒俄运动宣传之事。

《俄事警闻》，起初由王季同出任主编，蔡元培负责日文稿件撰述，报纸只用干支纪日，弃用清朝年号，并附注西历，采用白话文为文体，此为报界清新激进之作。

有了《苏报》的教训，《俄事警闻》不谈论革命，而是将民族激情放在首位，以启发民智，唤醒大众。后来，由于俄日战争爆发，报纸又增加版面，改名为《警钟》，由蔡元培出任主编。

扩版后的《警钟》，提出让国人参考日俄战争，深思熟虑，同时不忘揭穿俄国虚无党的历史，给国人暗中灌输革命思想。连续多天，《警钟》刊载日文译稿《俄国虚无党源流考》，与该报的"抵御外侮，恢复国权"的宗旨所背离。

革命之心涌动不止，蔡元培怀揣着炽热的心，随时都可能爆发出来。

因工作量很大，蔡元培撰报半年之久，常常因经费不济而大费周章，他仅凭坚定的意志苦苦支撑。在这段办报生涯中，蔡元培留下了一些极具代表性的文章，如 1904 年 2 月连载于《俄事警闻》的小说——《新年梦》。

该文笔触朴实，描述记录主人公"中国一民"在新年之际做上黄粱美梦，畅想 60 年后的中国国泰民安，描绘出一幅大同社会的奇妙景象，内容丰富，写实与虚构一体。作者的爱国忧愁、强国之梦贯穿全文。蔡元培自述道："是时西洋社会主义家，废财产，废婚姻之说，已流入中国，子民深信之……揭《新年梦》小说以见意。"

这篇小说清晰地反映了蔡元培当时的政见和立场及思想取向，在清末知识界独具代表性。正是他的这段撰报，使得不久前还自号"民友"的志士，意识到："吾亦一民尔，何谓民友？"遂从"周馀黎民，靡有孑遗"两句中，各取一字，改号"孑民"，以表救亡图存之心。

1904 年 7 月，蔡元培回到爱国女校，重担校长职务，遂辞去《警钟》日报的职务，由汪允宗接替。

征程漫漫，前路未卜，蔡元培却以一颗炙热之心，不断唤起民众凝固的热血，求之沸腾、燃烧，终致光复中华。

5. 光复到同盟

1904 年，在蔡元培生平中是很重要的一年。是年，在组建光复会的同时，蔡元培参与了暗杀行动。这件事的起因，源于民粹派的思想。

在《警钟》日报上连载的《俄国虚无党源流考》中的虚无党，是俄国对国内资产阶级、小资产阶级民主革命党派以及一切反对现行制度的个人、集团及思想流派的一个统称，而民粹派是其中的代表，民粹派提出"到民间去"的口号，号召反对沙俄专制统治，发展村社，竭力提倡个人恐怖主义，用暗杀手段解决问题。

当时，从国内到国外，都在酝酿暗杀活动。这种思想，不但对社会影响极大，对蔡元培的影响也很大，他认为暗杀是一种很快改变社会的有效方式。故此，后来他参加了暗杀团。他参加暗杀团的另一相关原因是，在此之前，东京留学生发起拒俄义勇队，受到阻挠，便改为军国民教育会，又遭到压制，不得已而改为秘密行动。

军国民教育会主要由黄兴、杨笃生负责，以"鼓吹、起义、暗杀"三种手段同清政府抗争。1904 年上半年，该会组成暗杀团，其中多为留日学生，他们立志从暗杀下手，推翻清朝统治。决定暗杀的第一个目标，为顽固派后台——慈禧太后。

暗杀团作了些准备工作之后，便潜回北京。他们在慈禧太后出没多之处监视了相当长的时间，却始终找不到机会，只好转到上海，再谋对策。就在此时，蔡元培经暗杀团成员何海樵介绍，加入该组织。参加暗杀团的还有他的堂弟蔡元康、钟观光、俞子夷、王季同、孙少候等。此外，还有一些革命新人，如章士钊、陈独秀等。

据陈独秀记载："吾初次和蔡先生共事，是在清朝光绪末年，那时杨笃生、何海樵、章行严等，在上海发起一个学习炸药以图暗杀的组织，行严写信招我，我由安徽到上海，便加入了这个组织，住上海月余，天天以杨笃生等试验炸药。这时，子民先生也常常来实验室练习，聚谈。"

关于研制炸药，情况大致是这样：

苏凤初先给团员上炸药理论课，然后试制。一段时间过后，炸药研制成功，可没有弹壳来装。蔡元培托人制弹壳，不久，黄兴等人从日本带来弹壳，然后试放炸弹，没有成功。之后，杨笃生来到少还，热心研制炸弹，蔡元培同别人做改良弹壳工作。一番努力过后，研制仍未成功。杨笃生愤然北行，结识了吴樾等人，让蔡元培介绍其参加暗杀团。一段时间过后，吴樾因事不能即来。

不久，出国考察宪政的五大臣被杀，便是吴樾等人所为。

1905 年，蔡元培不再担任女校校长职务。当时教育会骨干蒋维乔，在《中国教育会之回忆》中说："《苏报》案后，教育会虽不能如上半年之公开鼓吹革命，然内地之运动革命者，皆以教育会及爱国女校为秘密接洽机关。"

蔡元培也说："余长爱校，前后数次。凡革命同志，徐伯荪，陶焕卿、杨笃生、黄克强诸君到上海，余与从弟国亲及龚薇生等，恒以本校教员资格，借本校为招待接洽之机关。"这些记述，足以表明中国教育会、爱国学社、爱国女校虽有缺陷，但无论在教育史上，还是在革命史上，其意义都非同凡响。

蔡元培为了聚集革命力量，发动武装起义，因此在参加暗杀团的同时，还参与发起光复会。

早在 1903 年，黄兴、陈天华就曾进行革命活动。他们在长沙组建华兴会，并联络湖南会员，准备于长沙发动武装起义，并告诉蔡元培此计划的内容，让他在长江下游活动，积蓄力量，随时筹谋起义。

1904 年，蔡元培同华兴会首脑在上海会晤，商议起义大事，决定在 11 月 16 日举行起义。

革命形势日益发展强悍，为了配合长沙起义，蔡元培和陶成章等浙江革命党人联系紧密，共同商定以华兴会为榜样，成立一个新组织，即"光复会"。光复会的宗旨是："光复汉族，还我山河，以身许国，功成身退。"由蔡元培担任会长。

蔡元培在浙江地区声望很高，自他任此会长后，光复会的成员大增，众多革命志士、知识分子纷纷加入，包括：秋瑾、柳亚子、黄炎培、林少泉、赵声、刘光汉、吴春阳、马宗平、陈伯平等人。

为了进一步壮大声势，该会决定在浙江会党中发展。蔡元培"不耐人事相扰"，将联络会长的任务交给陶成章、徐锡麟等人。陶成章负责联系金华、严州等诸府会党；徐锡麟负责联系嵊县、天台诸会党；敖嘉熊负责联系温、台处诸府会党。

徐锡麟与陶成章原本各自为阵，互不相谋，但在蔡元培的撮合下，也携起手来，开创了浙江两派革命党人合作的新局面。

1905年夏，孙中山从欧洲回到日本，与黄兴等革命党人会合。有感于革命的发展，需要革命团体的联合，欲将兴中会、华兴会、光复会等融合起来，组成新的革命团体。各方面积极响应，东京方面开始筹备。至此，革命形势如火如荼。

7月30日，筹备会在日本召开，会议通过"驱除鞑虏，恢复中华，创立民国，平均地权"纲领。8月20日，中国同盟会在日本东京正式成立，孙中山被推举为总理，黄兴出任执行部庶务。

10月27日，蔡元培经何梅樵介绍，加入该会。不久，黄兴从日本带回委任书，正式任命蔡元培为中国同盟会上海分会会长。

比起分散的各会，同盟会的建立无疑是整个革命整体的集中，在会员人数、革命力量上都大为增加，这是中国革命史上极为重要的时刻。

蔡元培任分会会长之后，积极开展工作。在此期间，发展了不少会员，包括黄炎培、周怒涛等人。

黄炎培在《吾师蔡孑民先生哀悼辞》中回忆道：

> "民国成立前七年乙巳秋，吾师忽召至其寓庐，郑重而言曰：'我国前途至危，君知之矣。强邻虎视于外，清廷鱼烂于内，欲救亡，舍革命无他道。君谓然乎？'则敬答曰：'然。'曰：'欲革命，须组织，否则，力不集，事不成。今有会焉，君亦愿加盟乎？'则敬答曰：'苟师有命，何敢不从。'期以某日深夜宣誓，出誓文，中有句：'建立民国，平均地权，驱除鞑虏，光复中华。'吾师即指'平均地权'句说明其理由。小子卒在吾师之前，宣誓加盟焉……"

彼时，不再任光复会会长的蔡元培，将职务交到陶成章手中。陶成章出国后，又委托给徐锡麟、秋瑾负责。不过，革命活动还在继续，他们成立光复军，约定在皖、浙两省同时起事。可就在此时，徐锡麟刺杀巡抚恩铭攻占军械局，在安庆被捕；7月15日，秋瑾在绍兴被捕，后二人都英勇就义。

自此之后，光复会遭到破坏。不过，陶成章、章太炎又在国外重振旗鼓，到辛亥革命期间，光复会的力量又重新崛起。

孙中山在电文中说过："光复会有徐锡麟之杀恩铭，熊成基之袭安庆，近者功上海、复浙江、下江陵，则光复会新旧部人皆与有力，其功表见与天下。"孙中山对蔡元培的贡献是给予肯定的，虽说蔡元培已离开光复会，但他的功劳不可磨灭。

后来毛泽东也称赞蔡元培"光复会、同盟会之民族领袖"，这样看来，中国共产党人也没忘记蔡元培的革命工作。

几年来，蔡元培因热衷救国而涉足革命，虽说热情很高，但终归还是不能忘情学术。是时，蔡元培的革命目标显得模糊起来，他不禁感到一片茫然。

此时，蔡元培心中涌出另一个念头——出国。他曾自述当时的心情："在上海所图，皆不成，意颇倦。"

1906年春天，蔡元培离开黄浦之畔，回到故乡，在绍兴学务公所担任了所长，推动邵属八县的教育发展。

4月下旬，学务公所正式成立，蔡元培在培训师资之后创立了师范学校，但经费问题始终未能解决，遂辞职。随后，他回乡兴学，为期两月，之后又准备返回上海。期间，他收到友人来信，得知清政府将派翰林院编检出国留学，友人让蔡元培也一并进京登记。

早有留学之心的蔡元培闻听此消息，怦然心动，这一机会无异于天降馅饼。如此，他于6月先去上海，迎送章太炎远赴日本，随后参加邹容死难周年纪念会，了却其墓前修建纪念塔的心愿。这些年的沪上革命，也就在此画上了句号。

6. 初圆柏林梦

蔡元培供职翰林院之时，就曾阅读过许多新学著作和译本书籍，因此对国外的一些情势有一定的了解，但他所读书籍有局限性，不能说是广泛。

在改良运动中，新学中所体现的新思想深深吸引着他，他对此羡慕不已，继而开始对新学有了新的认识。他对西方文化的态度也是极其的赞赏，融会贯通之后，便独有一番深刻见解。这些认知，都在潜移默化中影响着蔡元培。

对那些浅尝辄止者的浮泛议论，蔡元培常常表现出深深的鄙视。他曾说过，学术不精，就不要拿出来论道。显而易见，蔡元培着迷西方文化，是有意把中西文化相对比、攀援，这从侧面显示了他的思维取向。

蔡元培努力学习外文，扩大知识领域，他的亲友劝其游学时，他说道："游学，非西洋不可，且非德国不可"。如此明确的学习目标，才促成他德国的苦学之路。蔡元培选择德国，其原因大多还是因德国的文化地位。在整个欧洲来说，德国文化都可以说是一个代表，而德国也是蔡元培深深着迷的地方。

蔡元培怀着复杂的心情，回到阔别多年的京城，到翰林院销假。然而有留学之心，却没有机会，蔡元培为此极为苦恼，毕竟翰林院的生活不是他向往的。但幸运之神最终还是眷顾了他。

蔡元培在《致汪康年函》中说：

"弟此次进京销假，本为最不安之事。徒以留学德意志之志，抱之数年，竟不得一机会。忽见报仔学部又咨送翰林游学东洋之举，不能不为之心动。初亦恐进京而事不成，徒折吾节。故初则电询陈介公，后又电询王书公，其复函称非进京销假不得图。王书翁到沪面谈，并催弟速行。因此7月进京，此亦日暮途远之为，不意竟成夸父逐日之失……盖弟数年来，视百事皆无当意。所耿耿者，惟此游学一事耳。"

可见，蔡元培的留学意念十分强烈。信中所说的陈介公、王书公，即陈介石和王书衡，二人皆为蔡元培好友。然而，天不遂人愿，等蔡元培到了京城，翰林院的人却认为，远离家乡，漂泊海外，甚是辛苦，所以，大都不愿意出行，加上清政府资金短缺，于是改派日本。

蔡元培听到此消息，原本在心中勾勒的"德国梦"消失了，一瞬间，他的心凉了一大半，难道去德国就这么难吗？

蔡元培不想去日本，只好暂留京城。虽说翰林院不能提供条件，但蔡元培依然坚定留德，想去感受不同的文化。他的同乡劝其私费留学，且答应为之筹资。蔡元培很是欢喜，便申请自费留学，同时出任译学馆国文教员，并传授西洋历史，期间静候学部的批准。

1907 年 6 月，清政府派驻德公使孙宝琦前往德国赴任。孙宝琦之弟孙宝瑄，是蔡元培的故交，于是蔡元培请求孙宝瑄帮忙，希望其能做些疏通工作，并亲自登门拜访他，愿意在使馆任职员，以便留学。

没想到孙宝琦慷慨解囊，他答应每月资助蔡元培三十两银子，且不必去使馆任职。同时，商务印书馆和蔡元培商定：等他在海外时，若定期为之编撰教科书，每月便获酬百元，以留家用。蔡元培对此激动不已。

临行前，蔡元培将一切安排妥当，随从孙宝琦，踏上了通往欧洲的路途。

有人说，蔡元培能成功出国，在很大程度上得益于友人的帮助。的确如此，蔡元培一生交友甚广，所交之士也多为学界名人、前辈，在许多事情上，都能助其一臂之力。

不仅在此事上，日后蔡元培主掌北大时，便更能体现其交友广泛的一面。

此番，蔡元培毅然放弃了公费求学日本的机会，坚持去德国深造，这是源于他的一个念头："救中国必以学"，而"世界学术德最尊"，所以"游学非西洋不可，且非德国不可"。他计划，准备至少用 5 年时间在德国"专修文科之学，并研究教育原理，及彼国现行教育之状况"。

怀揣着这样梦想的蔡元培，此时心情颇为复杂：一方面是面对陌生的国家，陌生的面孔，国内外的差异，以及西洋学术，自己是否能学载归来？这种种问题，无不困扰着他激动不已的心；另一方面，德国即便是"世界学术之尊"，倘若运用他们的教育方式，是否能适应当下的中国？

留学伊始，蔡元培的种种心迹，似乎暴露了他似忧似喜的心境，从长远角度看，这反映的是他教育救国的宏图大志。对他而言，这只是个开始，更艰巨的任务还等着他去完成。

赴德留学，蔡元培共耗费4年半的时光。第一年是在柏林度过。此时的蔡元培，已年过40。可这个心怀伟大抱负的有志者，却坚持要苦读西洋学术。当务之急，是补习德语，只有过了语言大关，蔡元培才能在此基础上深造。然而此时的他，年龄较大，他又要怎样补习德语呢？

当时，与蔡元培留学德国的同行者还有齐寿山和钱方春，并与他住在一起。齐寿山的同学顾梦余，早于他们来德，在德国有些人脉。得知蔡元培的情况后，便为其选定德语老师，尔后，蔡元培按时听课，学习德语。

那一阶段的蔡元培整日繁忙，尽管身居海外，但还是有众多事务缠身。

他在《自写年谱》中写道："在柏林一年，每日若干时习德语，若干时教国学，若干时为商务编书，若干时应酬同学，实苦应接不暇。德语进步甚缓，若长此因循，一无所得而回国，岂不可惜！"

的确如此，繁杂的事务始终牵动着蔡元培的思绪，他已非年少，对语言的学习不比少时容易，再加上在国外，每一分钱都要努力得来，故此蔡元培德语迟迟不能进步，也就不足为奇了。

孙宝琦考虑到蔡元培的经费紧张，便介绍他去讲授国文，每月还有可观的报酬。蔡元培也积极主动，利用不少时间编译书籍，邮寄回国。

留德生活紧张而又忙碌，但这并非蔡元培临行前的向往，甚至与他所想大相径庭。最初的这段时间，是他海外生活最为乏味、最为枯燥的岁月。不过，人生最需要的就是历练。不经历风雨，怎么能见到彩虹？没有被磨炼过的人，又怎能获得成功？

蔡元培的忧虑只是暂时的，在这些"风雨"过后，迎接他的是美丽的明天。他所期盼、所向往的，自有渐渐实现之日。

7. 莱比锡之"光"

蔡元培对在柏林一年的生活很是不满，于是，他和齐寿山离开柏林，迁居莱比锡，在莱比锡大学学习。

莱比锡大学，曾名为"莱比锡卡尔·马克思大学"，历史悠久，该学校的档案资料室，还存有蔡元培在校听课的资料，记载了蔡元培所学的课程多达 40 余门，涉及哲学、文学、心理学、文明史、人类学等众多领域。说起蔡元培的听课之道，可谓是"凡时间不冲突者，皆听之"。

学校的冯德教授，蔡元培记忆最为深刻。这位教授的心理学和哲学史，让蔡元培兴趣浓厚。冯德教授是实验心理学的奠基人，他在莱比锡大学创办了心理学实验室，举世瞩目。蔡元培对他甚是推崇，以至于三个学期，均选其课程。

另外，兰普来西教授的史学课，蔡元培也甚是喜爱。兰普来西是史学界的革新者，有著名的《德意志史》流传天下。他用进化史的观念，划分人类社会的进化阶段，阐释种种矛盾的演化与趋势。其讲史注重美术，尤其是雕刻、壁画这类造型艺术，所讲极具史学价值。

蔡元培深受其启发，主动参加了他创办的研究所，讨论文明史和世界史，并接受比较文明史方面的训练。

蔡元培的时间总是极其紧张，一边要学习德语和德国文学，一边又要听课。他对时间抓得很紧，学习的认真程度也非一般人所能及。蔡元培曾在《致吴敬恒函》中描述当时的情形：

> "来此已逾三年，拾取零星知识，如于满屋散钱中，暗摸其一二而无从联贯；又或拾得他人弃掷之钱串，而曾不名一钱，欲摸索一二相当之钱以串之，而顾东失西，都无着落，惟终日手忙脚乱，常若债负与日俱增，而不知所届。偶或悍然不顾，引我无目的之乐天观，以强自派遣，则弟之避债台也。盖弟从前受中国读书人之恶习太深，年来虽痛自洗濯，而终未能脱去。又生平有小题大做之脾气，详于小则不能遗其大，自知其失而终不能改，故沉游于苦海之中不能渡也。所幸半佣半丐之生涯，尚可勉强过去。再历数年，或者摸得之散钱稍富，而渐有适当于断烂钱串者，得联合以为小小之结束，则庶几不负故人之期望矣。"

20世纪初，是一个学术自由、新旧交替的时段。歌德、叔本华、康德、莱辛等人的哲学和艺术思想遍及德国，特别是在大学讲堂占据了主要位置。他们注重科学实验，开始介入教育学、心理学等诸多领域。此间，一些新理论崭露头角。蔡元培以深厚的国学功底以及持久的思维训练，开始对欧洲的学术有了颇深的领悟。

多数留学生为功利而读书，可蔡元培却并非如此，他有自己的思想，学从心生。他广泛汲取各类学术之精华，这使他在人类各种文化成果之中"云游四方"，尽情畅游。

通过在大学的学习，蔡元培对东西方两大文明有了新的认识，因而摒弃前嫌，接纳新事物，为其日后领导全国文化、教育事业奠定了坚实的基础。

蔡元培在莱比锡的活动，紧张而辛苦，但也充实而丰富，甘苦同在。

在进行文明史研究时，他结识了但采儿，此人对东方文化情有独钟。但采儿的毕业论文题目是《象形文字》，即由蔡元培亲自挑选。经但采儿介绍，蔡元培还认识了他出任中学教员的妹夫野该尔氏。

蔡元培受邀访问该校一周。该学校重在启发学生，使之自动研求，特别重视训育。每日就餐，师生共聚一堂，由一人读名言一则，代替宗教的祈祷；对于音乐也很是重视，每周都会有盛大的演奏；茶会期间，男女学生、教员，自由谈话。该学校的办学模式，力求新颖、自由，这让蔡元培这个东方赤子大为惊叹。

蔡元培还参加了一些课外活动，如开设练习班等。蔡元培参加练习，也时而指导一番；民族学博物馆中，中国、日本等东方文物陈列其中，他也协同馆内人员讲解展品。

莱比锡并非什么名城，城内中国留学生甚少，只有蔡元培、张瑾、齐寿山三人，他们常在一起读书学习。每逢暑假，蔡元培就邀请学伴，外出旅行。那一时期，他到过许多城市，如特莱斯顿、明兴、野拿等地方，也曾远足瑞士，得以饱览欧洲风光。

留德期间，蔡元培先后编著、翻译了30多万字的文稿，邮寄给商务印书馆后陆续出版。其中，广为流传的《中国伦理学史》，是由商务印书馆于 1909 年 8 月出版的。这是一部开拓性的著作。它以西方伦理学观点为主导，以中国渊源的思想史料为原型，进行整理和论述，内容提纲挈领，成为清末新文化运动中不可忽略的一抹釉彩。

《中国伦理学史》，从"唐虞三代伦理思想之萌芽"开始，直到清代中期戴震等人"渐脱有宋以来理学之羁绊，是殆为自由思想之先声。"其将中国伦理思想划分为三个阶段：先秦创始阶段、汉唐继承阶段和宋明理学阶段。

蔡元培认为，中国的伦理文化在周代就已十分完备。诸子百家的学派，从多方面阐释当时的伦理观，并侧面反映了中国伦理史的发展、飞跃。人伦思想的集中展示，也揭露着儒家学说的不断成熟，趋于系统化。因为这些学说"足以代表吾民族之根本理想"。

汉代至唐代，思想家层出不穷，但大多数为对儒家思想的演绎，独立创建者不多。魏晋时期，"玄学清谈"，明显带有佛老（佛教及道教，老即是老子）色彩，但并不能撼动儒家独尊的地位。

纵观汉唐伦理学，"学风最为颓靡，其能立一家言，占价值于伦理学界者无几焉。"关于宋明理学阶段，他认为这时的学者，所受佛老二家闳大幽渺教义颇深，他们不再喜好齐梁以来的靡丽文风，但未恢复到汉儒解经的传统之中，而是遵从儒家大义，以此为基础，另辟新路。

"竟趋于心性之理论，而理学由是盛焉。"用实践伦理来说，至宋明理学产生开始，儒家的道德才最终凝练，成为"普及的宗教。其思想威势，难以悖逆。后人博学多才者不乏，却已深受理学熏陶，难以挣脱其道义了。

蔡元培把这些看作负面作用，限制了思想的发展，很大程度地削减了中国社会的内部活力。这种情况，在清代以后日趋弱化，忤逆理学的言论盛行，昭示着中国伦理学到了一个新时代。

《中国伦理学史》，简明扼要地阐释了历代思想家的生平和学说，重视他们之间的比较和联系。这本书的最大特色，就是书中见解均以"结论"概括在人物之后。蔡元培撰写此书，是出于学术之完善，可见其学术素养之高，不禁让人敬佩。这本著作，可以说是中国第一部从内容到形式表现出西方思想的中国伦理思想史。

1941 年，日本的中岛太郎曾把它译成日文，在东京大学出版社出版。可见，这本书深受国外学者的高度重视。

此外，蔡元培的《中学修身教科书》一共 5 册，亦由商务印书馆出版发行。这本书主要向年轻人传播传统美德，是一部教育书籍，在民国初期得到广泛采用。

还有《伦理学原理》一书，这部书本是德国学者包尔生所写，蔡元培参照原著所译，该书发行后，对国人产生了极大的影响，甚至被国内的一些学校用作教科书，到后来，此书被列为汉译世界名著之一。

纵观蔡元培这段时间的著作，可明显感受到中西文化的交融，以及对传统文化的反思。

在撰写《中国伦理学史》时，他曾表态："中国是一个'夙重伦理学'的国家，但又没有纯粹的伦理学，只是众人所说，不成系统罢了。近年来，伦理学界异军突起，外邦学说纷纷传入中国，与我邦理论几有冲突之势。如若不将'吾族固有之思想系统以相为衡准'，比较研究，'则益将彷徨于歧路'。"

蔡元培远赴德国，为的便是探寻救国救民之路，他收得一盏明灯，便急欲交给民众，驱散愚昧雾霾，走向光明大境。

8. 吸收新思想

蔡元培在重视伦理学研究的同时，对美学也兴趣浓厚。他对美的悟性很高，不只是家乡名城的浸染，还有天生的才能。

蔡元培一生，也可谓是领略了世间的各种美。从小生活在充满生机、山河秀美的环境之中，长大后又游遍大江南北，看遍祖国大好河山。此时又来到莱比锡大学，这是一所充满艺术美感的学校。

置身于学校礼堂，那幅构图精巧、设计美妙、象征希腊文化的壁画，将蔡元培带到了欧洲原始文明的境界；美术馆虽非一流，却也有珍藏多年的大师名作。漫步在这琳琅满目的殿堂，仿佛对人文主义传统做了一次巡礼；椰园音乐厅，演奏着悠扬的曲乐，更令东方赤子沉迷其中，德意志的音乐，让他禁不住操起西洋乐器；剧院的歌剧和话剧，也将满满的民族风情，感染至蔡元培的内心深处。

然而，环境之美，不足以构成现代意义的美学观念，而"美育"却可对抗封建专制，扫清愚昧之论，培养人们的爱国情操，提高民族整体素质，其意义深远。

蔡元培认识到，作为有远见卓识的教育家，理应责无旁贷地考虑如何引进这一具有新型元素的学科。正是基于此，蔡元培在回国后极力提倡"美育"，建树颇多。

蔡元培曾在《自写年谱》中写道："我于讲堂上既常听美学、美术史、文学史的讲演，于环境上又常受音乐、美术的熏习，不知不觉地渐集中心力于美学方面。尤因冯特讲授哲学史时，提出康德关于美学的见解，最注意于美的超越性与普遍性。就康德原书，详细研读，益见美学关系的重要。"可见，蔡元培对美学的见解多始于此处。

除了研读康德的著作外，蔡元培也爱好历丕斯的《造型艺术的根本义》，因其观点与他本人的美学理解相契合，另外因其行文流畅，让他百读不厌。此外，摩曼教授的《现代美学》和《实验美学》，内容简洁明了，也激发了蔡元培进行美学实验。接受西方美学思想，成为其探索求学的一个归宿点，也是其留学期间较为突出的学术收益。

留德期间，在个人生活上，蔡元培开始食素。这点，在其《自述传略》中有详细记载：

"孑民在莱比锡时，闻其友人李石曾言肉食之害，又读俄国托尔斯泰著作描写田猎惨状，遂不食肉。尝函告其友寿孝天君，谓'疏食有三义：一、卫生；二、戒杀；三、节用，然我之疏食，实偏重戒杀一义。因人之好生恶死，是否迷惑，现尚未能断定。故卫生家最忌烟酒，而我尚未断之。至节用，则在外国饭庄，肉食者有长票可购，改为疏食而特饪，未见便宜。（是时尚未觅得疏食饭馆，故云尔）故可谓专是戒杀主义也。'寿君复函，述杜亚泉君说：'植物未尝无生命，戒杀义不能代之。'孑民复函谓：'戒杀者，非伦理学问题，而感情问题。感情及于动物，故不食动物。他日若感情又及于植物，则自然不食植物矣。且疏食者，亦非绝对不杀动物，一叶之疏，一勺之水，安之不附有多数动物，既非人目所能见，而为感情所未及，则姑听之而已，不能以伦理学绳之也。'"

蔡元培食素 10 年之久，后因患上脚疾，医生说其体质较差，劝其食肉，他才稍加改变，偶食荤腥，但仍以素食为主。他认为，"实偏重戒杀一义"，所以食素。事情虽小，但可看出，蔡元培始终超不出道德的范围，坚持着心中的自律。

蔡元培虽留学在外，但作为沪上革命的重要人物，对国内大事还是密切关注。

同一时期，在法留学的吴稚晖、李石曾、张静江，也组建世界社，先后刊行《世界画报》《新世纪》，大力宣传无政府主义思想。蔡元培此时遥相呼应，加入该组织。李石曾后来曾回忆道："他当时与吴、张 3 人负责刊物，孙中山、蔡元培作精神指导。"

蔡元培从《神州日报》《中外日报》得知国内动态，在与陶成章、汪康年等人通信中，了解了革命立宪、保皇等力量的变化，以及他们的内情。像浙江路事、章太炎等和孙中山不合，与刘师培变节，于右任所办《民呼日报》被封等都有所探询及评论。

1911 年 10 月，辛亥革命爆发，旨在推翻清朝。当时，正参观新式中学的蔡元培有所耳闻。从报纸得知武昌起义消息，心中激动不已，随即就向学校教师宣传。

蔡元培记述："野该尔氏问他：'这一次革命是否可以成功?''必可成功，因为革命党预备已很久了。'"当天，蔡元培抵达莱比锡之后，便收到吴稚晖的来信。信中提到武昌起义、留学生的消息，还询问了德国留学生的情况；吴稚晖告诉蔡元培："此乃一大转机。"蔡元培当即回复了吴稚晖。

国内革命，进行得如火如荼，蔡元培甚是高兴，但他也有所忧虑，他在仔细分析过后，断定袁世凯为"曾国藩第二"。数年后，蔡元培的预言成为事实，足见其目光之长远、敏锐。

蔡元培寄信给吴稚晖，后又赶赴柏林，会晤留德同学，集款致电各省，促进响应。同时，他从吴稚晖口中得到孙中山的地址，建议孙中山购买德国新式大炮，以助革命。之后，陈世英致电蔡元培，请其火速回国。11月，蔡元培取道西伯利亚，长途跋涉，终抵上海，4年多的留德生活，就此结束了。

星星之火已经燃起，在广阔的祖国大地，群星浮现，即将在漆黑的夜里发出夺目之光。

第三章　斑驳民国情

1. 教育初任职

1911 年底，蔡元培抵达上海。此时正值隆冬，天寒地冻，而武昌起义掀起的共和热浪，席卷了华夏大地。各地名流，纷纷聚集于此，共和政权，正在紧张筹建之中。

蔡元培寄居爱国女校，与此时的爱国人士接洽商谈，协调各方立场，奔走于爱国事业之中，并与在沪人士一同迎接了海外归来的孙中山。只是，一派大好形势之中，亦有插曲：在任命、选举的过程中，内部产生较大的意见分歧。一些人推举黎元洪任大元帅，另一些人则推举黄兴。

心中坦荡的蔡元培站在公众立场上一番思量后，认为黎元洪性情软弱，有妥协意向，对他不是很看好，加之他听说黎元洪当初并不赞同武昌起义，怕其走上袁世凯一样的道路，若是这样，革命的道路就毁了。故此，蔡元培连夜走访老友章太炎、汤蛰仙等，告诉他们革命之利害，劝他们选黄兴为好，众人也多接受他的建议。

次日开会选举，黄兴以绝大多数票数当选为大元帅，而章太炎在会上提出让黎元洪任副元帅，也得到全票通过。蔡元培此举，可以说是受同盟会的影响，与诸人有所默契，所以在各派势力间，他的归属甚是分明。源于此，同盟会与光复会之间的矛盾尖锐之时，蔡元培的处境也就变得有些"微妙"了。

不久之后，各省代表又于南京开会，重新选举，把黎元洪和黄兴位置调换，后因黎、黄二人均身在异地，这件事也就此搁置了。

南京的临时政府，素称"次长内阁"，同盟会会员主持部务，是以次长之职，总长多为社会名流前辈，唯有陆军、外交、教育等少数部门例外。

孙中山到达上海后，各界名流、代表表示欢迎。翌年元旦，孙中山来到南京，任职临时大总统，随即组阁。而在总统选举一事上，因为浙军将领和光复会有着千丝万缕的联系，便自认为是攻占南京的功臣，对选举很是不满。

后据蔡元培回忆：当时，章太炎态度不好，在屋里挂上统一党的牌子，有弟子10多人，汪精卫是其中一员，又邀他参加，章对于浙军的主张很是在意，特地嘱咐他到南京和代表商谈，推迟选举。

蔡元培赶赴南京后，和众代表商议此事，只有一人推荐黄兴，其余代表都推举孙中山，而且对推迟一事予以否定。等到蔡元培将此事告诉章太炎后，章太炎又提出要求："如孙果被举，组织政府时，我浙人最好不加入。"蔡元培也只能无奈答应了。

临时政府共设置了9部，由总统提出部长、次长名单：陆军部黄兴、财政部陈锦涛、司法部伍廷芳、外交部王宠惠、海军部黄钟瑛、内务部程德全、实业部张謇、交通部汤蛰仙、教育部蔡元培。

在寻找教育总长的合适人选时，政府曾考虑过章太炎、汪精卫、严修、胡子靖等人，最后还是把目光放在了蔡元培身上。

孙中山在请蔡元培赴职时，蔡元培曾拒绝，认为难当此重任。孙中山派薛仙舟说服蔡元培，薛仙舟说："此次组阁，除你与王宠惠外，各部都以名流任总长，而同盟会老同志居次长的地位；但诸名流观望不前，你们千万不可退却。我今天还要约陈锦涛同去，任财长，如果你不去，陈更无望了。"

后来蔡元培又听上述缘由，这才"勉为其难"，转意答应。然却未曾想到，章太炎以浙人不入阁之约扣留了他的行装。蔡元培对章太炎说："不能不去一下南京，去了，向孙中山面辞，如果孙中山允许，事情就没有问题，否则就在报上宣布背约之罪，以此谢君。"章太炎的弟子也加以劝说，章太炎才让蔡元培离开。

其时，蔡元培见了总统要求辞职，孙中山不允许。所以，蔡元培拟写广告稿，寄给章太炎以备发表。之后，章太炎弟子来函，称不愿发表，此事就此告终。

蔡元培任职后，邀请当时教育会故交蒋维乔赶赴南京组建民国教育部。作为教育总长的蔡元培，身居高位，却仍按旧惯，严于律己，不失书生本色。

政权新生，可谓百事待举，困难重重，虽说蔡元培身居高位，可连办公处所都没有，实在是趣谈。

蔡元培面见大总统，问之："教育部何处办公?"答曰："须总长自己寻觅。"蔡元培只好走街过巷，自己寻觅了。

辗转于街巷之中，蔡元培偶遇故交马相伯，其时任江苏都督府内务司长，得知蔡元培的难处，他答应借蔡元培几间空屋作办公之用，这才解了蔡元培心中的忧愁。

蔡元培办事，一向极为负责，虽说条件简陋，排场甚小，但在招揽部内人员时却力争一流：许寿裳、周树人、钟观光、王之瑞等人，先后进入教育部任职。蔡元培坚持"为事择人，不设冗员"的原则，部内人员算上缮写杂务才 30 余人，仅有其他部门的 1/3。

教育部成员，从总长到部员，不分等级，每人只发 30 元生活费。诸事如此简陋，可蔡元培对工作效率却甚是讲究，每天上午 9 点到下午 4 点半，部员勤勤恳恳，分工合作，"苟有案牍，随到随办"。凡小学、中学、专门以及大学等各项学制，皆是由部员负责起草，好比书局的编辑部，丝毫没有官署味道。

教育部的廉政之风，大家耳闻目睹，成为中华民国史的美谈，赢得了国民的崇敬与好评。

蔡元培任职教育部时，不仅处事有原则，且尤为注意察纳雅言。对陆费逵、王云五提出的建议，他曾登门拜访，恭听他们的看法，认为可行的，或延揽入部，行其所愿，纯然出诸公心而从善如流。

尽管人数不多，时间仓促，但是人才聚集，众人集思广益，加之在蔡元培的管理之下，很快就颁布了 30 余种法令，如《普通教育暂行课程标准》《普通教育暂行办法》等。

随着法令的颁布，旧的教育制度也随之进行全面改革。其主要内容是：改学堂为学校，其负责人称为校长；小学废止读经；各种教科书必须符合共和国国民的宗旨，清学部发行的教科书一律禁用；初等小学实行男女同校；中等学校为普通教育，不分科；废止奖励出身的制度，取消贵胄学堂，合并入普通学校；大力提倡社会教育，部务工作增设社会教育司，与普通教育司、专门教育司合并，让社会教育首次在行政上赢得独立自主权。

其时，民国已经创立，不可一日无教。教育方针一日不明，全国便难有归旨。有关人士喧腾于口，呼吁总长速速定夺。随后，蔡元培就亲自编撰了《对于新教育之意见》，于1912年2月11日正式刊出。

文章提出新的教育方针：军国民教育、实利教育、道德教育、世界观教育和美育教育。蔡元培认为，在专制时期，教育从属政治，而在共和时代，教育应有所独立。这便是他日后"教育独立议"的雏形。

新的教育方针还取缔了"忠君"与"尊孔"。蔡元培在文中说："满清时代，又所谓钦定教育宗旨者，曰忠君，曰尊孔，曰尚公，曰尚武，曰尚实。忠君与共和政体不合，尊孔与自由思想相违（孔子之学术与后世所谓儒教、孔教当分别论之。嗣后教育界何以处孔子，及何以处孔教，当特别讨论之，兹不赘）"。后来，蔡元培明确表明，当时所发文章，是根据清学部的五项宗旨修改的，称为新提之五项。

蔡元培在这篇文章中，还提出了"美育"的概念。他说："惟世界观及美育，则为彼所不道，而鄙人尤所注重，故特疏通而证明之，以质于当代教育家，幸教育家平心而讨论焉。"

通读《对于教育方针之意见》，可以发现，蔡元培虽德智体美并举，但是对道德教育尤为重视。他极其重视对国民道德观、世界观、美感的培养，他以公民的完全人格为目的，尽管有些以"超轶政治"相标举，但实质基本不变。

就内容而言，蔡元培独创的世界观教育和美育阐述于其中，可大多不为世人所知，可能是因受康德哲学概念影响所致吧，充满些许玄奥色彩。

蔡元培在《我在教育界的经验》中谈道："提出世界观教育，就是哲学的课程，意在兼采周秦诸子、印度哲学以及欧洲哲学以打破几千年来墨守孔学的旧习。提出美育，因为美感是普遍性，可以破入我彼此的偏见；美感是超越性，可以破生死利害的顾忌，在教育上应特别注意。"由此可见，蔡元培意在表明，破除各方面的思想桎梏才是世界观教育的实质，使人体会自由畅快，认识事物之精妙，而美育重在陶冶情操，完善人格。

当然，蔡元培所述思想，大多还是受西方观念影响所致，他主张的教育方针，融入中国社会之后所产生的思想，完美地适应了当时的时代。

根据蔡元培的主张，民国教育宗旨正式公布："注重道德教育，以实利教育、军国民教育辅之，更以美感教育完成其道德。"它的提出，极大地推动了国内学术教育的进步，开辟了一片新天地。

不料，政局动荡，就在蔡元培任职仅1个月、工作正逐渐开展之际，他被孙中山派去迎接袁世凯——蔡元培对袁甚是反感，为时1个月，而教育的重任便暂时落在次长景大昭身上。

景大昭热衷党务，对部务工作过问不多。从蔡元培北上期间，他竟开列数十人名单，加以司长、科长、参事等官名，上呈总统府，发委任状，其中多为文学家而非教育家。景大昭的意思是为他们获一席之地，怕总统府迁移见遣。

等蔡元培返回后见此情形，甚是恼火，便随蒋维乔、钟观光等人联名辞职。他认为，景大昭的做法极为不妥，详言利弊得失，说服景大昭等人取消之前的决定，果断退还委任状。

总统府秘书长胡汉民，对蔡元培此举颇有看法，说他不懂人情世故，不知提拔老同志。后来，政府北迁，胡汉民曾介绍教育部说："别部则可，教育部不能。"对于胡汉民所言，蔡元培并不以为然。内心正直的他，用人宗旨是唯才是举，能者在职，不拘于党派言论。他不看重权力地位，也绝不会去做没有意义的事。

他日，蔡元培在《自写年谱》中回忆道："我那时候只有能者在职的一个念头，竟毫没有顾到老同志的缺望，到正式组织时，部员七十人左右，一半是我提出的，大约留学欧美或日本的多一点，一半是范君静生所提出的，教育行政上有经验的多一点，却都没有注意到党派的关系。"在日后与范静生的合作中，蔡元培的求真心态日益凸显出来。

2. 政局突动荡

面临重大抉择时，每个人都不会掉以轻心，那么，是为己私利？还是顾全大局？只有问问自己的内心，才能得到答案。

蔡元培回国后，分身于政治和教育两方面，初期以政治为甚。民国初年，南北政治斗争激烈，他也一度扮演着重要角色，是举世瞩目的人物。

1912 年 2 月中旬，袁世凯手握军事、政治实权，借南方革命威势，迫使清帝退位，其后，孙中山履约，让出大总统职位，但要袁世凯南下就职，以避禅位之嫌。

孙中山列出了三个条件：一、临时政府地点在南京，为各省代表议定，不能更改；二、新总统必须到南京受任；三、临时政府制定的约法及颁布的法律、章程，新总统必须遵守。

可袁世凯迟迟不来，为此，孙中山决定派蔡元培担任专使迎接，因为他为同盟会员，又是南方政员，符合条件。迎接袁世凯，实质上表明的是孙中山的态度。孙中山坚决维护革命的成果，对革命赤胆忠心。

然而，局内人士都不赞同这种做法。他们劝说蔡元培不要接这费力不讨好的差事，可蔡元培心系大局，认为南京政府必须要这样做，不能推脱，遂决定前往。这件事，其实从一开始就注定会以失败告终。

自袁世凯出山，挟清廷以自重，用军事力量相威胁，革命军受其影响颇大，而其又用革命军来压迫清廷，逼迫清帝退位，并且即将得到总统的宝座，他怎么会答应孙中山的条件？

是时，蔡元培一行9人组成专使团，蔡元培担任团长，团员为外交次长魏宸组、海军顾问刘冠雄、参谋次长钮永建、法制局长宋教仁、陆军部军需局长曾昭文、步兵第31团团长黄恺元、湖北外交司长王正廷、前议和参赞汪精卫。

同年2月，专使团员与其他相关人员共计三十余人，从上海乘船启程。在到达天津时，忽然遇上大雾，遂又停了几天。期间，众人商议成立"六不会""社会改良会"。

说到"六不会"，还要提及其前身——进德会。进德会是蔡元培、汪精卫、吴稚晖、李石曾等人在上海成立的社会团体，其目的是加强纪律、道德建设，以此来改变社会风气。会员一共四种：普通会员、甲部特别会员、乙部特别会员、丙部特别会员。

普通会员的要求，也是最基本的要求：不嫖、不赌、不置妾，只要是入会者，都必须遵守。甲部增加一个不做官一条；乙部增设不吸烟、不作议员两条；丙部再增不食肉、不饮酒两条。加起来一共8条，所以叫作"八不会"。

而船上成员，多参与政治，尤其是法制局长宋教仁，视政治为生命，所以他认为不作议员、官吏两条应除去。这一观点，得到同船众人的赞同，于是按照他的提议，把"八不会"改成了

"六不会"。

再说社会改良会，这是由唐绍仪发起的，船员提议众多，涉及面广，包括迷信、慈善、社会、礼仪、习尚、风俗等，一一列出，共有 50 条之多。

两会的建立，之后并未有多少活动，不过蔡元培对两会的宗旨仍认真对待，这对后来他在北大的任职都有影响。

蔡元培由津入京。抵达之后，欢迎仪式场面隆重，但他所感受到的气氛与南方迥然不同。同来会晤的当地代表几乎众口一词，蔡元培申明来意，怕引发误会，不胜其苦。

见到袁世凯之后，与之会谈三天，袁世凯似乎心无芥蒂，表示迁都为小事，也愿意脱离北京这个"臭虫窝"。可袁派要人反对之声强烈，不让袁世凯南行，蔡元培坚守来意，履行使命，一时间，会谈陷入僵局，并无实质进展。

袁世凯未达目的，誓不罢休，他把国都、南行、临时政府这些问题搅合在一起，利用所及人士，反对迁都、南行，向专使团施加压力。

蔡元培对袁世凯也有所警惕，坚持孙中山的原则，委婉地驳回了袁世凯的意见。他在《告全国文》中说道：

> "袁公当莅南京就临时大总统职，为法理上不可破之条件。盖以立法行政之机关与被选大总统之个人较，机关为主体，而个人为客体。故以个人就机关则可，而以机关就个人则大不可……故袁公之就职于南京，准之理论，按之时局，实为神圣不可侵犯之条件，而培等欢迎之目的，专属于是，与其他建都问题及临时政府地点问题均了无关系者也。"

袁世凯为人狡诈，是政界的高手，显而易见，老谋深算的他是不可能答应蔡元培的要求的，其以北方尚未安定为借口，再三拖延。

蔡元培对袁世凯的说法始终持怀疑态度，他说："然袁公之威望与其旧部将士之忠义，方清摄政王解职及清帝退位至危逼之时期，尚能镇摄全京，不丧匕鬯，至于今日，复何疑虑。且袁公万能，为北方商民所认，苟袁公内断于心，定期南下，则其所为布置者，必有足以安京、津之人心，而毋庸过虑。故培等一方面以京、津舆论电达南京备参考之资料，而一方面仍静俟袁公之布置。"

29日晚，蔡元培与专使团闲谈之际，突闻枪声传来，急忙打电话询问军部，得知是三镇兵变。枪声渐近，蔡元培等人只得翻墙逃入青年会教士、美国人格林寓所，暂时躲避。是时，乱军闯入专使团住地，大肆抢掠。

翌日清晨，蔡元培等人转避六国饭店。不久，与袁氏联系密切的孙宝琦赶来慰问，说昨晚在袁世凯官邸得知兵变，袁世凯传令保护专使团，并说：人家不带一兵，坦然而来，我们不能保护，如何对得住？说乱兵是怕袁世凯回南京抛弃他们，于是竭能所抢，只为能回老家罢了。

蔡元培在电文中这样说道："昨夜八时，北京城内枪声四起，所在纵火，招待所亦有兵士纵枪殴门而入，掳掠一空。培与汪君兆铭、范君熙绩、杨君广勳，蒋君岭暍、张君魁，暂避外国人家。今晨至六国饭店，王君正廷、王君景春亦至，余人尚无下落。此事闻因第三镇兵变，杂以步军统领衙门所辖，及禁卫军等。"

从其电文中可以看出，蔡元培当时也是有些忧虑的，且不知兵变是真是假，只能将实情转告出去。其时，京中舆论纷纷。继北京之后，天津、保定等地先后发生兵变。外国列强借机调兵入京，更是火上浇油。

专使团在电文中写道："北京兵变，外人极为激昂，日本已派多兵入京。设使再有此等事发生，外人自由行动，恐不可免。"当时的局面很险恶，蔡元培等人无法承受此等压力，遂在电文最后说："速建统一政府，为今日最大问题，余尽可迁就，以定大局。"

事情演变到这种地步，迫于形势，南京方面也无良策，只得向袁世凯让步。如此，"邀袁南下"之意取消，遂确定北京为临时政府所在地。

3月10日，袁世凯在北京宣布就职临时大总统，蔡元培接受其誓词，并加以祝贺。此时此刻，蔡元培的使命已经发生了戏剧性的改变。

迎袁世凯行动的失败，表面看上去是专使团的责任，其实内里暗藏"深意"。

多数史家总结，说蔡元培等人政治素质软弱，胆量不够，被袁世凯"忽悠"了。的确，蔡元培乃一介书生，担当如此重任，与江湖老手袁世凯周旋，居于下风也是意料之中的事。可话又说回来，袁世凯南下就职的可行性又有多大呢？

辛亥革命后，政体有变，国内根基尚未稳定，袁世凯手握北方军事大权，可谓牵毫发而动全身。使袁南下，也隐含迁都南京之意，举动如此重大，显然过于草率。

细细盘算，北方兵变事件，并不排除系袁世凯故用"伎俩"。

刘成禺在《世载堂杂记》中云：袁世凯的得力助手唐绍仪说，当时兵变发生后，专使团没有办法，让他黎明拜访袁世凯，唐绍仪站在门旁，袁世凯当门而坐，就在此时，曹锟推门而入，脱口便出："报告总统，昨夜按照总统的吩咐，兵变之事已经做到。"侧身看到唐绍仪，也请一安。袁世凯怒道："胡说！滚出去！"可见，兵变是袁世凯故意所为。

事实上，北方利益集团也从根本上抵制重心南移。政治较量想要成功，得益于军事、财政等诸多方面的强大。孙中山领导的南京政府，为新兴的政治力量，与传统力量相比，过于嫩小、软弱。故而，蔡元培此次任务失败，也只是整个南京政府失败中的一例罢了。

蔡元培在迎袁过程中，其自身的品格、政治态度并没有多少过错，而在他身上表现出的"软弱性"和"不彻底性"，是当时所有革命党人的通病。

直白点说，他们远离工农群众，在思想上有较大的缺陷。他们所谓的顾全大局，是把处理内部矛盾和温和方式滥施于人；并没有用资产阶级专政来对付地主阶级专政，寄希望于革命的顺利进行，尚未全面思考，将革命果实拱手相让；他们甚至害怕流血，沉滞在议会斗争、内阁事宜之中，眼见事情不能顺利发展，便渴望以某种形式约束袁世凯；只热衷形式上的统一，却满足了盗贼袁世凯。

蔡元培在《告全国文》结尾中写道：

"培等此行为欢迎袁公赴职也。袁公未就职，不能组织统一政府；袁公不按法理就职而苟焉组织政府，是谓形式之统一，而非精神之统一。是故欢迎袁公，我等直接之目的也；谋全国精神上之统一，我等间接之目的也。今也袁公虽不能于就职以前，躬赴南京，而以最后之变通办法观之，则袁公之尊重法理，孙公之大公无我，参议院诸公之持大局而破成见，足代表大多数国民，既皆昭扬于天下；其至少数抱猜忌之见，腾离间之口者，皆将为泰和所同化，而无复纤翳之留。于是培等直接目的之不达，虽不敢轻告无罪，而间接目的所谓全国精神上之统一者，既以全国同胞心理之孚盛而毕达，而培等亦得躬逢其盛，与有幸焉。惟是民国初建，百废待举，尤望全国同胞永远以统一之精神对待之，则培等敢掬我全国同胞之齐心同愿者以为祝曰：中华民国万岁。"

透过蔡元培之文，不难看出，他心存愧疚。从起初对袁世凯的不满，到交锋时的动摇，他深觉自己存有不可推卸的责任，可就当时的局势来说，换做旁人，也未必有更好的结果。

1912 年 3 月 11 日，《中华民国临时约法》颁布，该法仿效法国的民主共和制，把《临时政府组织大纲》中的总统制改成责任内阁制。参议院为最高机关，内阁代元首对国会负责，总统颁布的法律、命令等，都必须经国务院副署。内阁总理由同盟会成员担任，王芝祥担任直隶都督等，唐绍仪加入同盟会后，出任内阁总理。

袁世凯表面虽同意实行总统制，实际却独揽政权。而蔡元培的革命之路，任重又道远，他几度迷茫、几度彷徨，可仍与同道中人一起摸索着前进的方向。

3. 继掌教育部

唐绍仪在专使团离京前，接到命令，组建内阁名单，其中就有蔡元培，当时任命他为教育部长，但蔡元培并不想担任此职，遂极力推辞，便暂时改为范源濂。对此，外界在不知情的情况下都传言，蔡元培因没迎到袁世凯，故而被削职。蔡元培在传言的压力下，加之孙中山等人极力相劝，又顾及南北关系，也就不好再去推辞，这是他任职教育部长的主要原因。

蔡元培上任之初，面临一个最大问题——教育部重建。面对此难题，他仍旧坚持唯才是举的原则，四处搜寻人才，筹划国家的教育方针。当时，被他推荐担任部长的范源濂，是他看好的重要人选。

范源濂，字静生，湖南湘阳人士，维新党人，曾任清学部参事，立宪派共和党成员，极有才干。当时他已离开南京，不想涉及教育部之事，可在蔡元培两次拜访之后，被其诚恳态度所触动，于是答应在教育部供职。

在《记范静生先生》文中有记：

"现在是国家教育创制的开始，要撇开个人的偏见，党派的立场，给教育立一个统一的智慧的百年大计。国民党里不是寻不出一个次长；我现在请先生做次长，也不是屈您做一个普通的事务官。共和党随时可以组阁，您也可以随时出来掌邦教。与其到那时候您有所变更，不如现在我们共同负责。教育是应当立在政潮外边的。我请出一位异党的次长，在国民党里边并不是没有反对的意见；但是我为了公忠体国，使教育部有全国代表性，是不管这种反对意见的。听说您们党里也有其他看法，劝告您不要自低身份，给异党、给老蔡撑腰；可是，这不是为了国民党或我个人撑腰，乃是为国家撑腰。我之敢于向您提出这个要求，是相信您会看重国家的利益超过了党派的利益和个人的得失以上的。"

范源濂看到了蔡元培的真诚，于是改变了心意。蔡元培独具慧眼，也是在此时与范源濂结下深厚友谊的。

蔡元培在《我在教育界的经验》中说：

"我与次长范静生君常持相对的循环论，范君说：'小学没有办好，怎么能有好中学？中学没有办好，怎么能有好大学？所以我们第一步，当先把小学整顿。'我说：'没有好大学，中学师资哪里来？没有好中学，小学师资哪里来？所以我们第一步，当先把大学整顿。把两人的意见合起来，就是自小学至大学，没有一方面不整顿。不过他的兴趣，偏于普通教育，就在普通教育上多参加一点意见；我的兴趣，偏于高等教育，就在高等教育上多参加一点意见罢了。"

可见，蔡、范二人在工作中能相互配合、理解，也可看出，蔡元培对教育工作认真负责的态度。

蔡元培所聘请的人员，有些是他曾经的同事，有些是他教育界的故交，还有些是他之前的学生，凡其所请之人，均有才学，包括蒋维乔、王云五、范静生、夏曾佑、袁观澜、钟观光、许寿裳、黄炎培等人。

王云五，此前在上海从事教育方面工作，蔡元培最初与之不熟。直到中华民国成立之后，王云五被委任为总统府秘书，他对教育有着独特的见解，给教育部写了有关高等教育改革的相关建议。蔡元培看了之后，认为笔者所言很有道理，于是亲笔回复，邀请他来教育部工作。

这对王云五来说是天赐良机，他没上过大学，只是略微发表了一下自己的见解，短短几日内就收到教育部长的回函，实在出乎意料。王云五在请示孙中山之后，孙中山让他同为总统府和教育部工作，并写信向蔡元培加以解释。也是在此时，王、蔡二人成了一生的挚友。

蔡元培与鲁迅的相交，也一样是在"机缘巧合"之下。蔡元培出任总长时，对鲁迅只闻其名，不识其人。而鲁迅能在教育部任职，得益于许寿裳的推荐。

许寿裳在《亡友鲁迅印象记》中说："我被蔡先生邀至南京帮忙，草拟各种规章，日不暇给，乘间向蔡先生推荐鲁迅。蔡元培说：'我久慕其名，正拟驰函延请，现在就托先生（蔡先生对我，每直称先生）代函敦劝，早日来京。'我即连写两封信给鲁迅，说蔡先生殷勤延揽之意。"如此，鲁迅顺利入职教育部，在多次合作之后，蔡、鲁二人产生浓浓的友谊。

是年 4 月到 5 月，蔡元培在大众传媒发出信电，邀聘请的部员迅速北上，以及时完善教育部。教育部初成，蔡元培又将工作重心转向全国性教育会议。教育部决定在暑期召开临时教育会议，议题是确立新教育方针，建立新的学制。

1912 年 7 月 10 日，会议在北京召开，与会人数 80 多人，共 92 件提案，由蔡元培致会议开幕词。

会议通过了《教科书审定办法案》《教育会组织纲要案》《教育宗旨案》《小学教令案》《中学教令案》《专门学校令案》《实业学校令案》《大学令案》《师范学校规程案》《高等师范学校规程案》《学校管理规程案》《划分学校管辖案》《小学教员俸给规程案》等提案。

蔡元培的思想都体现在教育方针之中，他注重道德教育、实利教育，以军国民教育为辅，美感教育完成其道德。

大、中、小学学制、学令也在此时拟定，大学分文、理、法、商、医、农、工 7 种，以文、理为主，此乃大学必函科目。教育部还规定了学校实施的具体细则、课程标准、学校规程等，教育上采取男女平等的措施。

蔡元培任部长期间，做了许多对当时乃至之后多年很有意义的工作。在教育部，蔡元培先是确立了新的教育方针。这些方针代表了资产阶级的愿望和利益，体现的是民主革命的精神，很有反封建等进步意义。

"废止尊孔读经""用美感教育完成其道德"等思想，就是在此时提出。蔡元培学习西学，以此改变落后的中国社会，是实行美育的先行者。然而，蔡元培的想法并非都能得到所有人的认可，且在新旧势力斗争尖锐的形式下，很多人对美育心存偏见，认为无多大用处，应当删掉。

鲁迅对此表示愤慨，他在日记中写道："闻临时教育会议竟删美育，此种豚犬，可怜可怜。"

蔡元培在工作上兢兢业业，在教育部的半年时间里，其于教育体制、规程、学制等诸多方面都有所改革，他为中国近代教育做了基础而必要的工作，更为中国近代教育开了好头。

蔡元培不同于其他教育工作者，他视教育救国为己任，对教育始终怀着满腔的热血，作为教育界的领导者，他也肩负着反封建、民主共和、研究学术等多方面的责任。故此，蔡元培所走之历程，乃至他一生之经历，无不在这些问题上徘徊。

蔡元培正式报到任职，是在 1912 年 4 月 26 日，直至 7 月 14 日才获准就职。短短的几个月，蔡元培也很看重，他说："我在国务院做了几个月的尸位阁员，然在教育部方面，因范静生及其他诸同志的相助，颇有可以记录的事情。"

唐绍仪所组内阁，由南北方政员组成，一共 10 人，各有其五。唐绍仪本人与袁世凯是世交，担任过北方代表，不久之前，赵凤昌建议他加入同盟会，经孙中山、黄兴的同意，他变成了南北方的中介人物。

内阁虽建，但其中矛盾重重，比如南北方不协调，部门规划不合理，其中，外交、陆军、内政、交通五部是袁世凯身边的大员担任，其余则由孙中山南方代表出任。蔡元培置身其中，"专制"与"共和"矛盾突出。蔡元培坚守民主自由的价值观，以为建立民国就可以实现共和政治，政府应该代表人民的意志有所建树。

可当时的袁世凯独揽政权、行事专断，蔑视《临时约法》，不履行内阁制的责任。内阁中，袁氏成员事无巨细，南方代表想要有所作为，实在难比登天。

内阁会议，是南北政员商议事情的最佳时机。可南方阁员欲有所作为，多次与段祺瑞等人发生冲突，办事一向认真负责的蔡元培，此时也难以改变双方立场。就连总理唐绍仪，也因支持责任内阁制而遭到袁世凯的质疑，屡遭诋毁。

蔡元培对此深感失望，他感觉到，与其任此伴食之阁员，不如高蹈远引。他认为："目前情形，政府中显分两派，互相牵制，无一事可以进行。若欲排斥袁派，使吾党同志握有实权，量力审时，绝无希望。不如我辈尽行退出，使袁派组成清一色的政府，免使我辈为人诽谤，同归于尽。"宋教仁对此并不赞同，但面对此情形，亦无可奈何，乃相约：遇适当机会，一同辞职。

不久之后，唐绍仪与袁世凯因直隶总督人选一事发生争执。组建内阁时，孙中山推举王芝祥担任，与袁世凯商议时，后者并未反对。可时间拖延，任命迟迟不能发表。唐绍仪催促再三，没想到袁世凯另谋他人，即心腹冯国璋，改派王芝祥任其他职务。

唐绍仪不同意，袁世凯径自颁发委任状，此举惹恼唐绍仪，他愤怒离开，之后便辞职了。

随后，蔡元培等4名阁员连带辞职。袁世凯设法挽留，力劝取消辞意。宋教仁对抗袁有所保留，但蔡元培等人履行前约，执意共同辞职。辞职时，蔡元培说："惟政务一方面，既有不可不去之原因，则不能不牺牲事务以就之，盖一部之于一国其轻重悬殊也。"

蔡元培还是坚持着"国家为重"的原则，始终把自己和国家联系起来，关键时刻，他做出了正确的选择。

7月10日，蔡元培毅然宣布4名阁员联名辞职函，以14日为截止期限，尘埃落定，袁世凯也无话可说，只得同意。

辞职之后，蔡元培等人所遭非议重重，有些人把这看作是"闹党见而不顾及国家"。为此，蔡元培发表《答客问》，陈述事情原委，明辨是非。

其时，蔡元培追求政治民主，希望内阁可以为国家开创新的格局，可事与愿违，理想和现实差距甚远，侧身"无方针无线索"的政府之中，加上袁世凯专断独行，再继续留任内阁，已无任何意义。

故此，蔡元培郑重申明："吾党不必无执拗粗暴之失德，而决无敷衍依阿之恶习。"此足见这位同盟会一流人物的理想和人格，不与现实同流合污、颇具见识的蔡元培，其高洁的气度令人万分赞佩。

4. 讨伐袁世凯

1912年7月底，蔡元培回到上海。

袁世凯控制北京政府，对民主和法制肆无忌惮地践踏，为了满足自己的独断专制，他"排除异己"的行动频频得手。黎元洪也是完全没有共和观念，思想封建。他们二人互相利用，联起手来，大肆捕杀革命党人。

不久，袁世凯未经审判，将武昌起义领导人张振武和徐维二人杀害。蔡元培在得知这些后，愤怒至极，心中之恨无法发泄，于是同吴稚晖等人联合致电参议院，发布法律维持会，要求追究袁世凯等人的法律责任。

蔡元培在《通告》中说："大总统与副总统无直接杀人之权。张君振武等所得罪状，皆暗昧不明，未经裁判，即行枪毙。尤可奇者，犹复加恤赠金，掩饰耳目。此种异动，明明故意违犯约法，玩弄国民。若不讨论其究竟，无以为法律生命之保障，尚何共和政体之可言？"

8月20日，法律维持会在张园召开，共同商议政府监督、履行法律等问题。到会人员1000余人，蔡元培任会长，会后以1024人名义致电参议院，要求谴责黎、袁的"违法之咎"，对于此案，严重诘问，必须捍卫法律的尊严，保障人民的生命。

23日，中国社会党的首领江亢虎在汉口被捕，随后，党员在上海紧急开会，商量对策。蔡元培受邀参加会议，发表演说。蔡元培认为，这次案件与之前的张、徐事件如出一辙。袁世凯无视法律，轻视人权，完全违背共和政体。"蹂躏人权，莫此为甚"，一句话便揭露了袁世凯妄图恢复封建帝制的图谋，也道出了所谓的共和国正蜕化变质的实质。

几天之后，以孙中山的同盟会为基础，把统一共和党、共和实进会、国民公党、国民共进会等小党派合并，建成国民党。

在国民党成立大会上，孙中山被推为理事长。

民国成立以来，经历了多少风风雨雨，辛亥革命的实际意义现已所剩无几。在给蒋维乔的信中，蔡元培写道："此次革命，实专属民族问题，于政治上排去满洲亲贵之权力而已。清代汉官之流行病，本未曾动，望其一时焕然更新，谈何容易。惟乘此波动之机会，于各种官僚社会中，已挤入新分子，将来竞争之结果，必新胜而旧败。"

蔡元培坚守进化公理的信念，而可行的是在民族革命后进行社会改良。这也是他在辛亥革命后所选的路径。蔡元培觉得，自己系书生出身，与其在此看局势变化，却无能为力，远不如继续深造，等待时机成熟，再回国增力。

9月，蔡元培携带家属再次来到德国，继续他在莱比锡的求学之路。翌年3月，蔡元培在德国留学不到半年，国民党领导人宋教仁被刺。这一事件在全国范围内影响巨大，相关人士责备袁世凯的声音此起彼伏，要求政府迅速破案，严惩凶手。

不久，江苏都督迫于舆论的压力，将案犯和证据公布。犯人叫武士英，而再向前排查，追踪到国务院总理赵秉钧和内务部秘书洪术祖。之后，北京政府迫于压力，让赵秉钧以告假之名下台。

"宋案"调查显示，此举必为袁世凯及其党羽所为。

3月25日，孙中山从日本返回上海，召集党内人员商议对策。与袁世凯决裂的孙中山，也召请海外同志回归。蔡元培在接到陈英士的电报后，也与汪精卫火速回国。

到达上海的当天，蔡元培马上投身于筹商对策之中。是时，孙中山想要讨伐袁世凯，黄兴却认为兵力不足，认为以法律解决更为妥当。蔡元培也不赞同军事冒险，表示应当从长计议。蔡元培的想法和黄兴不谋而合，于是，当张謇、赵凤昌请他和汪精卫商谈，说北京方面愿意和黄兴探讨妥协办法之时，蔡元培积极奔走，望和平解决。

在到上海前，蔡元培先是到了大连，其从弟蔡元康前来迎接。蔡元康在同盟会成立时出力不少，之后在日本留学，颇有头脑。而蔡元康此行，是想让蔡元培不要回去，这是出于对他安全的考虑。在蔡元康看来，国民党必会被袁世凯所消灭，最好不要卷入其中。不过，这也没能阻止蔡元培的脚步，既已到了大连，更不能半途而返了。

果不其然，袁世凯就是利用了蔡元培的这一点，他一到大连，袁世凯的党羽就向他伸出了魔爪。在京的计价报纸遵照袁世凯的旨意，捕风捉影，捏造事件，乱造了一篇《蔡元培回国之一夕话》的文章，在各地报纸转载。

蔡元培得知后有些不安，为了澄清事实，于 6 月 12 日在《民立报》上发表了《对〈时报〉〈时事新报〉"一夕话"之更正》，及时纠正了捏造的事件。其中捏造事件如报纸说他赞成袁世凯向外国借款，不以国民党的反对借款为然；今年又不以政党内阁为然……蔡元培一一做出了回应，这也让袁世凯造谣的阴谋不能得逞。

蔡元培到达上海后，奔走于各大政员之间，协调磋商，希望和平解决南北之争。当然，蔡元培也不是完全否定军事抗争。因第八师旅长王用功曾是爱国学社成员，蔡元培还与他交谈过此事，想要借第八师起事，可军官不同意，此事就此作罢。

6 月下旬，袁世凯罢免李烈钧、胡汉民、柏文蔚三位国民党的都督职务，派北洋军阀进入江西。后李烈钧在与孙中山商讨过后，于江西湖口宣布独立，旗帜鲜明地讨伐袁世凯；不久，黄兴也于南京宣布独立。随后，安徽、广东等地，也接连宣告独立——"二次革命"由此爆发。

蔡元培自然站在群众一方，即国民党主战派的立场，他随即发送电文，支持讨袁战争。

7月19日，蔡元培和汪精卫、唐绍仪联名致电袁世凯，催他辞职，说："望公宣布辞职，以塞扰攘"。文中说："为公仆者，受国民反对，例当引避，而以是非付诸后日。流天下之血，以争公仆，历史所无，知公必不出此。"

革命爆发之后，战争悄然打响。7月中旬，湖口起兵，讨伐袁世凯，随后南京等地纷纷响应，蔡元培赶赴南宁起草反袁通电。

二次革命进行期间，蔡元培、吴稚晖等人在上海编印《公论晚报》，并在《民立报》撰文，以此来抗击袁世凯。

蔡元培在多篇文章中对讨袁给予声援。在《宣布朱瑞劣之通电》一文中，揭露了他的贪婪和无耻，文中说："若其廉耻未忘，必挂冠而去；如复驽骀恋栈，惟有纠合文武与众逐之。"文字颇为鼓舞士气。

蔡元培在《警告各省议会》一文中说道：

"自袁氏派兵入江西，江西议会有讨袁之通告，有公举都督、总司令、民政长之通告，若江西议会者，洵可谓能称其职矣。……吾意各省议会，悉宜宣布赞成讨袁之主张，以表示全省之民意。……今之舆论，金谓决时局之难点，无外乎国会南迁，选举正式总统，谅各省议会亦既饫闻之而赞成之矣，而尤不可不各尽促成之责任。促成之道有二：一宜各电本省议员速出北京；二宜促联合会速电两议院，量移地点。"

可见，赶除袁世凯的计策由此而来。之后的《论非常议会》《正独立之误会》《孰仁孰忍孰诚孰伪》《袁氏不能辞激成战祸之咎》等文章分别表示出了明确的态度，"一省既宣布独立，则全省各县自然同此主义，而无特别为宣布。"此揭露了两议院中袁世凯党羽的恶劣表现。

蔡元培在《袁氏不能辞激成战祸之咎》文中最后总结说："令厌乱之人，无不疾首痛心于此次之战祸。当知罪魁祸首，实唯袁氏。不必繁称失德，即此派兵激变一端，已足以证明之矣。"

7 月 30 日，蔡元培的《野心欤约法欤让德欤》文章发表，更是让袁世凯处心积虑破坏议院的行径尽显，文章后来成了袁世凯倒共和而行专制丑行的"存照"。该文发表当天，蔡元培的《折衷派》一文随即发表。

8 月 3 日，蔡元培又发表《悔祸》一文，文章说："夫两方面所相互要求者，其简单若此。其所以不能解决者，互相猜疑，莫肯先发耳。使吾侪立第三地位者，一扫其单方挑拨之恶意，而以公平诚实之方法，对于两方，各为保证其所求，则战祸可以立弭。是即吾第三者悔祸之道，而不可不速尽其责者也。"

这一时期，蔡元培大量发文，内容不乏以"君子之气"度大盗之腹，严厉抵制袁世凯的做法，他站在调停者的立场上对袁责备，讨袁的决心甚是坚定。

蔡元培认为，应当考虑人民与国家的利益与安危，逼不得已时再用战争解决。而袁世凯作为国家的领导者，应当考虑人民的感受，尽自己应尽的义务。显然，他轻视了袁世凯。

与蔡元培的想法相比，黄兴的主见似乎更实际，认为是国民党自身实力不足，不足以和袁世凯抗衡。

袁世凯表面上有"悔祸"之心，可他践踏民主、独断专制的行为并没有停，根本没有尽到切实的责任，也无心改正。他是封建顽固派的代表，根本不可能真心与资产阶级革命派站在一起，更不可能交出政权。

一切正如黄兴所料，讨袁行动一开展，就遭到袁世凯的镇压，甚至在江西、南京，袁派军阀大举进攻。国民党的军事行动开始不久，各地方连连败退，讨袁计划就此落空。

9 月 1 日，袁世凯的部下张勋、雷震春攻占南京，这场"二次革命"仅维持了一个月之久就以失败告终。随后，孙中山、黄兴等人流亡海外，革命事业进入低谷。蔡元培也携亲踏上前往德国的邮船，离开上海。

资产阶级革命政党自身的局限性，决定了其在维护和平、实现民主政治上总是采取妥协的方式。当发现政权被骗走后，才意识到自己所期望的共和政体早已被无视，亡羊补牢，却为时已晚。

5. 偕眷行欧洲

革命失利，蔡元培痛心不已，每当迫不得已离开时，他便前往异国他乡，一边领略西洋人文，一边译著书籍，这似乎成了他周期性的现象。这一次，他选择到法国游学。

彼时，蔡元培已是第 4 次出国。

早在 1902 年，他同高梦旦赴日游历；1907 年，他随驻德公使孙宝琦赴德留学，也有 4 年之久；1912 年，刚卸任总长职务的蔡元培再次偕家属来德深造。当时，是迫于革命的失败，与之同行的还有顾孟余夫妇。

关于此次一行，他在《自写年谱》中有云：

"我长教育部的时候，兰普来西氏曾来一函，请教育部派生二人，往文明史与世界史所相助，我已于部中规定公费额二名，备择人派往，人选未定，而我去职。南归后，预料政治上的纠纷方兴未艾，非吾辈书生所能挽救，不如仍往德国求学；适顾君孟余亦有此意；我遂函商范君静生，告以与顾君同往德国之计划，请以前所规定之公费额二名，分给我与顾君二人，范君复函批准。我遂偕黄夫人及威廉、柏龄启行，顾君亦偕其夫人同行。"

当时来到德国的蔡元培，仍然进入莱比锡大学。让兰普来西教授意想不到的是，这位应邀来德的留学生，竟是中国教育总长。按照研究的项目和计划，蔡元培与顾孟余二人需要提供中国文明方面的资料。

两人相互配合，甚是融洽，蔡元培负责撰写文稿，顾孟余负责翻译成德文。后来，由于顾孟余适应不了当地气候，移居柏林，他们只能通过邮寄方式合作。不过，能够做自己喜欢的事，纵然条件再艰苦，蔡元培也是乐此不疲的。

1913 年 1 月，《苏报》的前主人陈范于上海病逝。原来，《苏报》案发后，陈范逃亡日本，家中财产全部被没收。他的儿子作为人质被捕，深受刺激，继而精神失常，后释放不久就病逝了。

辛亥革命以后，陈范隐居上海，可已倾家荡产，又年老而无力工作，基本生活实难维持，贫病交加，最终惨然离世。

蔡元培得知故交离世，很是忧伤难过。听闻陈范的寡妻孤苦无依，晚景凄凉，身在异国的蔡元培立即给吴稚晖、章士钊等人致电，托付其照顾。

当时来德国，蔡元培的主要目的是研究文明史，他也曾想过研究美学、美育。可这一年，宋教仁被暗杀一事令其应召回国，研究之愿未能实现。是时，民国刚刚成立，他辗转在政治和教育两界。

"二次革命"失败后，蔡元培在法国开始了他的游学生涯。

其实，蔡元培不是平白无故来法国，其原因也是很多的：老友吴稚晖在巴黎汇集了一些热血朋友、法兰西文化和大革命时代精神的吸引等，在这些原因中，最重要的是他本人有教育强国的理想。

他在《华法教育会之意趣》中说道：

"盖尝思人类事业，最普遍、最悠久者，莫过于教育。人类之进化，虽其间有迟速之不同，而其进行之途辙，常相符合。则人类之教育，宜若有共同之规范。欲考察各民族之教育，常若不能不互相区别者，其障碍有二：一曰君主，二曰教育会。二者各以其本国、本教之人为奴隶，而以他国、他教之人为仇敌者也。其所主张之教育，焉得不互相歧异？现今世界各国之教育，能完全脱离君政及教会障碍者，以法国为最。法国自革命成功，共和确定，教育界已一洗君政之遗毒。自1886年、1901年、1912年三次定律，又一扫教会之霉菌，固吾侪所公认者。"

中国和法国，从历史上看是有相似之处的。可对比文化，科学、美术、哲学等方面，中国却差之远矣。而此时的法国，各项科学都已发展得如火如荼，鉴于这种国之差距，蔡元培方才打定到法国学习的主意。

启程前，蔡元培与商务印书馆商定，每天编译书稿，该馆每月支付他 200 元生活补助费用。蒋维乔等几位教育部的老友，也为蔡元培筹资，以助其海外生活。

抵达巴黎后，蔡元培寄居在位于市郊的中华印字局。他的好友李石曾，在巴黎创办了豆腐公司，颇有名气，此次蔡元培来，他特地迎接，让蔡元培欣慰不已，感叹深处异国还能受到如此照顾，心情无比舒畅。

得到李石曾的款待，蔡元培也有了些依靠。向来食素的他，此时也有了同路人，自然不胜欣喜。

当时，蔡元培本想在李家长久居住，可鉴于李氏经商，应酬颇多，人员多杂，他无法静心编译，故此不久后就迁居出租房了。

12 月下旬，蔡元培安顿子女入学，同时，他也一边作编译，一边和夫人学习法语。蔡元培学法语，并没有到专门学校进修，几乎没有正规人士指导，只以当地人为师，自行学习。

蔡元培所说的法语，大多是比利时人欧思东君所教，其人擅长音乐，并曾研究把五线谱改为三线谱，他反对宗教，主张自由恋爱，也是食素中人。因其是李石曾的好友，遂与蔡元培有了师生的关系。

这位法文老师在指导蔡元培学习法文时，为使其能快速掌握，不教读本和文法，只是让蔡元培读书，不懂之处记录下来，由他解释。虽说这种学习可让蔡元培的法文能力迅速增长，可毕竟不是从根本上教，所以蔡元培的法文水平其实并不理想。

尽管如此，蔡元培并不责怪老师，对其特有的严谨治学之风和学以致用之态，表示了无比的尊重。他也不断改进自我，充实学习内容。

在法国游学期间，蔡元培主要的工作大概有两项：著述、办刊。他所编《哲学大纲》供师范学院和哲学专业学生使用，为商务印书馆指定专书。他写的《华工学校讲义》，为兴办华工教育准备教材，此后才在中国推广采用。中国语文教科书中很多文章均选自其中，例如《舍己为群》《理信与迷信》《责己重而责人轻》等。

不仅限于国文书，蔡元培也作《拉斐尔》《康德美术学》等文，颇有新意。在办刊方面，蔡元培也倾心不少，可限制太多，其所创者都不能很好发行。

1914年，他和汪精卫、李石曾、张继等人创办杂志《学风》，只因世界大战爆发，印字局停业，杂志便再未发行。

1915年，他又联名吴稚晖等人拟发行《欧学丛报》或《旅欧学报》，也因故未如愿。

1916年，蔡元培主编《旅欧杂志》创刊，其为法华教育会主办刊物。蔡元培的《华工学校讲义》就在此刊载。另外，他曾和吴稚晖等人发起成立世界社，他为其撰写《世界社缘起》《世界社简章》，书刊有《世界》大画报，月报《民德》《学风》等。

此外，蔡元培还有一篇力作，即《学风》杂志发刊词。文中，他极力阐述世界文化的大形势：欧洲学术盛行，而中国却落后甚远，我们必须奋起直追，才能缩短差距。蔡元培所述，正是向西方文化学习的主要问题。

他在《口述传略》中这样描述："于习法语外，编书，且助李石曾、汪精卫诸君，办理留法俭学会，组织华法教育会，不能如留德时之专一矣。"

蔡元培在法国期间，最大的成就即是创办勤工俭学会和华法教育会。1912年俭学会的成立，为留法的中国学生提供最基础的帮助，国内方面，在北京设立预备学校，鼓励留学法国，这样一来，便实现了更多人留学的目的。

在蔡元培辞去教育总长职务时，预备学校校舍被收回，改迁到四川会馆中，又因袁世凯政府干涉而停办。1913 年，蔡元培到达法国时，俭学会在法学生已有百人之多，多在法国蒙达尔纪城。

次年，世界大战的爆发，对俭学会的师生影响很大，欧洲人民笼罩在战争的阴影之下，人心惶恐。动荡不安的局势，导致学校关闭，汇款难抵，俭学生困难重重，很多人辍学回国。蔡元培此时为挽留学生，采取各项措施，其撰写《吾侪何故而欲回国乎》通告，针对当时局势，对学生做好安留工作，助他们渡过难关。

战争一时发起，而非一时结束。持久的战争，使得法国劳动力短缺，遂有招募大批华工赴法之意。以此为背景，华法教育会于 1916 年成立。宗旨是开展华工教育，推动双向文化交流。

是年 6 月 22 日，巴黎召开了华法教育会的成立大会，会上选派领导人员，蔡元培和巴黎大学教授分别担任中法会长。会已成立，各项工作随之开展。

对此，蔡元培曾有记述："欧战开始以后，我国亦为参战国之一，但没有军队可以相助，于是派遣工人，助后方工作，到法国也有数千人。李君为使这些工人便于工余就学起见，特编一种成人教育的教科书……"

蔡元培等人创办的勤工俭学运动，持续了很长时间。直到 1916 年他回国任北大校长时，还兼任华法教育会会长职务，使之大规模发展。尤其在五四运动后，俭学法国已是知青们最向往之地。

到了 1921 年，勤工俭学生已达 1700 多人。适值俄国十月革命胜利，马克思主义广为传播，如此便造就了一大批共产主义战士和革命领导人。

这一切，是蔡元培始料未及的，但成果自然也应归功于其倡导勤工俭学之力。

留法勤工俭学运动，是留学生在国外学习的新形式，其开启了中国留学史和教育史的新篇章，对促进教育的发展、文化的交流，具有重大的意义。

第四章　六年治北大

1. 迎难进北大

1916 年，一心称帝的袁世凯众叛亲离，只做了 83 天皇帝，随后取消帝制。其遭受举国上下的唾弃和咒骂，终于 1916 年 6 月 6 日因尿毒症身亡。

此时，国内局势也随之开始有了变动。

袁世凯死后，黎元洪接任总统，流亡海外的革命党人闻听此消息后纷纷归国。七八月期间，范静生和袁希涛（教育家，1912 年应蔡元培邀请赴北京担任普通教育司司长）先后担任教育部总长和次长。范静生担任总长期间，仍旧坚持民国元年的教育方针。是时，浙江人士陈介石、马叙伦等人建议请蔡元培归来，出任北大校长。

教育部专门教育司司长沈步洲，十分赏识蔡元培的才干，便极力促成此事。他于 1916 年 9 月 1 日致电蔡元培："国事渐平，教育宜急。现以首都最高学府尤赖大贤主宰，师表群伦。海内人士咸深景仰。用特专电敦请我公担任北京大学校长一席，务祈鉴允，早日归国，以慰瞻望。"

当初，蔡元培辞职是因为专制主义，虽然其看中教育，却不能实现心中理想，而眼下，时局已变，可以实现心中的教育救国之愿，他此时的心情也是波动不安的。

蔡元培在给汪精卫的函中说道："在弟观察，吾人尚切实从事教育着手，未尝不可使吾国转危为安……在国外经营之教育，又似不及在国内之切实。弟之所以迟迟不进京，欲不任大学校长，而卒于任之者，以此。昔普鲁士受拿破仑蹂躏时，大学教授菲希脱为数次爱国之演说，改良大学教育，卒有以救普之亡。而德意志统一之盛业，亦发端于此。"

在法国，蔡元培接连创立勤工俭学会、华法教育会，为国培养众多人才，可做这些离救国还相差甚远，他认为，回到祖国才能更好地施展自己的才能，救国救民。

此时袁世凯已死，国家又得到了新生，若是回国的话，必然会有所作为。尔后，蔡元培又请求吴稚晖的支持，拜访李石曾，约他同去北大。

1916 年 10 月 2 日，蔡元培乘船归国，经过一个月，顺利到达上海。而在进京之前，还有一小段插曲。

北京大学的名称，始于民国元年。在此之前，该校名为京师大学堂，包含师范馆、仕学馆等，译学馆亦为其一部。当时的北大，学风颓败、腐败，若能整治最好，若整治失败，反而有碍自己的名声，故此友人纷纷劝蔡元培勿就此职。当然，也有人认为，正因北大腐败，才更需要能人治理，即使失败，也没有遗憾了。

蔡元培心知肚明，但不知是否该去，为此他询问了孙中山。

据罗家伦的《蔡元培与北京大学》记载，孙中山期盼蔡元培去，因为他身为革命元老，而且北京需要革命思想的传递。听了孙中山的劝导，蔡元培顿受鼓舞，带着孙中山的厚望，蔡元培下定决心，迎难而上。12月23日，蔡元培抵达北京。

12月26日，大总统黎元洪正式宣布，任命蔡元培为北京大学校长。次年1月4日，蔡元培到校任职。此后的一段时间，也是蔡元培人生中最辉煌的时段了。

任职校长的蔡元培，最先做的就是对学校进行一番考察。他和范静生、沈步洲等人多次商讨，认为北京大学并非外界所言的那么无药可救。虽然声名狼藉，但并非没有良策。

15年前，京师大学堂宣布开学。之前，已经过两次考试，第一次，仕学馆招收36名新生，师范馆招收56名新生；第二次，两馆一共招收90名新生，并将这天定为北京大学的校庆日，一直延续到新中国成立。

蔡元培对北大是有所了解的，他任职翰林院时，友人张元济是大学堂的总办。8年后，蔡元培又为大学堂作国文教习，并且教授西洋史学。在蔡元培任教育总长时，京师大学堂改名，叫国立北京大学校，推严复为校长。

在蔡元培任校长前，经过几位学校主持者的努力，加之社会的发展，北京大学也有了一定的规模，且一直在发展之中。进入民国时期，学生数量有所增加，教学内容有了改善，学校处于缓慢发展的阶段。

当然，这种状态与蔡元培所想的相差太多。蔡元培知道国外大学的情况，对比之下，北京大学实在跟不上时代脚步。近代欧美大学，无论是教学体制、学术学风、师生素质，还是教学内容等，皆远超北大。

此时的北大，官僚气息很浓、陈旧意识严重、各种腐败作风弥漫校园，如同原来的京师大学堂，明文规定只有京官才有资格入学，按照官员等级分别入馆。这些，在一些史料中均有记载：

> "北京大学，原名'京师大学堂'，辛亥革命后才改名为北京大学。蔡元培先生来之前，校名改了，本质并无什么变化，封建主义仍旧占据统治地位。1913 年我考入北大预科时，学校像个衙门，没有多少学术气氛。有的教师不学无术，一心只想当官；有的教师本身就是北洋政府的官僚，学问不大，架子不小；有的教师死守本分，不容许有新思想；当然也有好的，如教音韵学、文学批评（《文心雕龙》）的黄侃先生，教法律史的程树德先生（他著有《九朝律考》），但为少数。"

显而易见，此时的北大若不彻底整顿，难开先明之风。

在这样环境之下，学生学习目的不再是为了知识，反而是为了做官。就如罗家伦书中提到的一例一样：陈汉章在到北大前，因博学而闻名于世，校方请他任职，当时他已四五十岁，到校后迷恋学校给予的"资格"，故视之同翰林，不愿当教习，甘愿当学生。等到毕业，辛亥革命爆发，翰林自然没做成，还浪费了时间，熬白了头，仍只得充当教习了。

学习是为了做官？蔡元培看到这一点，自然是要执意改变的。

辛亥革命后，像陈汉章这样的例子便没有了。可在学校之中，学生的官僚习性却不能消除。学生上课，也有跟班、听差，上课铃一响，听差的便走进来说："请老爷上课。"此等陋习，让蔡元培难以直视。

没有新风气，北大便成不了革命思想的传播之地，也无法实现蔡元培教育救国的夙愿，他下定决心，势必要扭转北大颓败之风，为民国教育树立典范。

2. 开创新风气

在蔡元培担任校长前，教员们对学生的做法无能为力，稍微严格，学生就加以排斥。而对于行政官吏来校兼课，学生却甚是欢迎，即便这些官吏教学不甚尽责，学生对他们也是毕恭毕敬，只因毕业后引为"奥援"。

学风不正，腐败风气横行，学校纪律松弛，师生涉足风月场……致使学校名誉大受玷污。民国初时，数京师大学堂的师生出入妓院"八大胡同"中的人数最多，故此社会流传有"两院一堂"（两院指参议院、众议院，一堂指京师大学堂）的说法。

对于学校，顾颉刚在文章中写道：

> "学生们则多是官僚和大地主子弟。有的学生一年要花5000银元；当然这样的豪富子弟，数量不多，大约不过两三人。至于一年花千把银元的人就多了，少说也有好几十。像我这样一年从家里只能拿二三百银元来上学的，就算是穷学生了，在学校里，简直没有地位。一些有钱的学生，带着听差、打麻将、吃花酒、捧名角，对读书毫无兴趣。"

而从蔡元培入校的第一天，改革就开始了。

当时他一进校，校工便在门口排队行礼，而他则一反常态，脱下礼帽，郑重地回鞠一躬，此举让校工和学生大为震惊。

经蔡元培调查分析，他觉得北大之所以不尽如人意，原因有二：一是科目凌杂，二是风气颓坏。欲除其弊，则必将改为学术机关。顾颉刚在回忆中说："1917 年初，蔡元培先生来北大，逐步使北大发生了巨大的、质的变化。"

刚入校的蔡元培，随即在全校发表演说，倡导教育救国，号召学生踏实学习，研究学问，不要追求当官之愿。蔡元培之前历经科举，任职翰林，但在留学德、法后，他的思想前卫，吸纳了西方自由、平等、博爱之思想。故此，他一到任，采取的便是西方大学的教育方针和制度，替代了原来封建与腐朽的东西。例如，他认为文科的任务重在产生新思想等。

1917 年 9 月，蔡元培在就职演说中提出三项要求：一是抱定宗旨，二是砥砺德行，三是敬爱师友。其突出强调大学的宗旨是求学，对学生而言，要为学问而学，而非为当官而学，大学是研究高深学问之地，学生必须理解大学之性质。

蔡元培要求学生抓紧时间学习，务必有真才实学。他说："诸君肄业于此，或三年，或四年，时间不为不多，苟能爱惜光阴，孜孜求学，则其造诣，容有底止。"而此时最大问题："平时则放荡冶游，考试则熟读讲义，不问学问之有无，惟争分数之多寡；实验既终，书籍束之高阁，毫不过问，敷衍三四年，潦草塞责，文凭到手，即可借此活动于社会，岂非与学术初衷大相背驰乎？光阴虚度，学问毫无，是自误也。"

蔡元培分清了求学和做官，其宗旨不同，后果则大不一样。他强调要砥砺德行，提出"方今风俗日偷，道德沦丧，北京社会尤为恶劣，败德毁德之事，触目皆是"，为此，其勉励学生"以身作则，力矫颓俗"，提倡正当娱乐等。

之后，北大组织学生开展正当娱乐，各种社团随之蓬勃开展，学校领导十分重视，并大力提倡。

蔡元培的演说如同空谷足音，仿似给北大师生上了一堂洗涤心灵的课。

过去，学生写给校长的书信只能用呈文，不得用公函，只有等校长批准之后，才能通告全校。而蔡元培任职后，将此类旧习彻底改掉，用公函取代了呈文。

诸多措施的施行，使得北大呈现出一股新气息。后来，蔡元培请来赫赫有名的陈独秀出任文科学长，宣传"德先生"和"赛先生"的思想。这诸多事项的安排，使得众人感受到了蔡元培整顿北大的决心，从此，北大发生了翻天覆地的变化。

追溯北大学风之颓败，其实罪魁祸首是袁世凯。其当政期间，劣行专制，收买议员，挥霍公款。自法国归来的蔡元培看到那些在各业有所声望者皆沉迷嫖赌，阿谀奉承，内心倍感悲凉。而此风气在京城更甚，上自官僚，下至学生，沉迷嫖赌者数不胜数。甚至在北大，竟存在"探艳团""某公寓之赌窟"之类，此令蔡元培厌恶至极。

作为清正律己的知识分子，蔡元培对这种污浊风气自然极为反感，这也是其于民国初期列名发起"六不会""社会改良会"以改变世风的根本原因，只可惜当时势单力薄，收效甚微。

蔡元培在《北大进德会旨趣书》说道："和德不修，祸及社会。"更让他不可思议的是，"往昔昏浊之事，必有一部分清流，与敝俗奋斗，如东汉之党人，南宋之道学，明季之东林。风雨如晦，鸡鸣不已。而今则众浊独清之士，亦且踽踽独行，不敢集同志以矫末俗，洵千古未有之现象！"

力矫时弊的蔡元培，执着地开辟一片净土，其精神、其境界，着实让人钦佩。进德会的明文规定虽不能约束所有人，但对推动北大素质教育、道德提高，起到了巨大的作用。

蔡元培精心致教，全校师生都受到其影响。此后，在蔡元培的带领下，北大渐渐走出了往日的泥潭。

3. 大度用贤能

做大事者，一是要有高远视角，二是要有宽广胸襟。不能以贤为任人条件者，难成大业。

清华大学校长梅贻琦曾说："所谓大学者，非谓有大楼之谓也，有大师之谓也。"凭一己之力，难成大事，更何况想办好一所新大学，必然需要贤能人才，这也是最为关键的一点。

蔡元培深深明白，一所好的大学，一定要有一众有真才实学的好教师。蔡元培极力改善校风，提高教学质量，满足学生求知的欲望，培养学生的学术兴趣，故此他在人才选用上，也一样不遗余力。

蔡元培在用人上，坚持唯才是举的方针。对于教师，他提出了三个条件：一是学术水平高；二是热心教学，不尸位素餐；三是教员要为人师表，能够为学生树立榜样。

蔡元培在教育部任职时，在用人上也是如此，此时在北大，其要求更多，这也是为了让学校的学术环境更优质。

在蔡元培眼里，教师的重要性很大，故而要求他们在学术上要有所成就，必须达到世界前沿水平，而且还要有较强的感染力，来带领学生积极求学。

他认为："大学的学生并不是熬资格，也不是硬记教员讲义，是在教员指导之下自由的研究学问的。"种种要求，具体到如此细节，在当时来说也是很高的标准了。蔡元培知道，人才难得，不能求全责备，对于教员，应以学诣为主。而对那些行为不足者，只要不荒废功课，也可放宽政策。

蔡元培自始至终都提倡为人师表，加强个人道德修养。因此，他聘任的教员一般都是德才兼备者，如若教员只是有学识而无德行，他会格外给他们制定标准，以使其不诱导学生随之堕落，教员若做不到，会被严肃处理。

为此，蔡元培成立聘任委员会，用以协助教职员的招聘工作。他规定，新上任的教师都要经过委员会的审查，对于不合格者，严厉剔除。聘任委员会的成立，为北大招收了不少人才，这推动了治校方案更好地实施。

当时，北大最需要整顿的是文科，蔡元培在这方面下了不少功夫。他明白，想要彻底整顿，必须有大量的新派人物。刚刚任职时，蔡元培就拜访老友汤尔和，据这位专任校长的经验，文科情况要请教沈尹默，理科需向夏浮筠了解。他还说，此时文科学长没定，不如邀请陈仲甫（即陈独秀）担任。

当时陈独秀是杂志《新青年》的主编，蔡元培也觉得，由他来担任文科学长是再合适不过的了。此时见老友也如此推荐，蔡元培随即欲拜访陈独秀。

说起陈独秀，蔡元培其实也不生疏，早在上海"暗杀团"中，他就与陈独秀相识，且陈独秀《安徽俗话报》事件也曾引起蔡元培的关注。当时，发起人都因困难散去，唯独陈独秀坚持了很久，蔡元培对陈独秀独具好感，佩服他的意志力与责任心。

恰逢陈独秀当时在京城，蔡元培决定请他担任文科学长。据当时东亚图书馆主任孟邹日记记载："早九时，蔡孑民先生来访仲甫，道貌温言，令人起敬，吾国之唯一人物。"

对于蔡元培的邀请，陈独秀起初是推辞的，因为当时他虽身在北京，可还要去上海办《新青年》，所以推荐胡适担任。蔡元培知道胡适也是人才，但陈独秀却更适合担任文科学长。其后他频繁拜访，就如"三顾茅庐"一样，不达目的誓不罢休。

蔡元培的坚持与执着打动了陈独秀，最终陈独秀点头答应。当然，作为条件，蔡元培表示《新青年》可在北大办。后孟邹回忆说："蔡先生差不多天天要来看仲甫，有时来得很早，我们还没有起来。他招呼茶房，不要叫醒，只要拿板凳给他坐在房门口等候。"

1917 年 1 月 11 日，陈独秀被任命为北大文科学长，蔡元培称赞他说："前安徽高等学校校长陈独秀，品学兼优，堪胜新任。"不久之后，经教育部的批准，陈独秀正式任职文科学长。令蔡元培没想到的是，这位文科学长，后来竟成为五四运动的发起人。

北大教师队伍在蔡元培的号召下，与之前相比，质量大为提高。除了陈独秀，胡适、钱玄同、李大钊、刘半农、鲁迅等人也都陆续入职北大。

赴美留学的胡适，是在 1917 年 8 月到北大任职的，他当时出任文科教授兼任哲学研究所主任。他先后在康奈尔大学和哥伦比亚大学读书，受杜威实用主义影响颇大，在政治上，偏于改良主义。他的《文学改良刍议》一文，在当时引起很大反响，加上陈独秀的推荐，遂邀请来北大任教。

胡适深通西洋教育，而又精于汉学，蔡元培对其很是器重，对他改革旧文学的主张颇为赞同。

钱玄同是新文化运动后，响应陈独秀、胡适的人中最为激烈的一个，他也是在日本留学而后教书的志士。他在北大担任文本科教授兼国文研究所教员，并在新文化运动中建树颇多。他是具体提出"选学妖孽""桐城谬种"的第一人，也是提出白话文、标点符号、横排版、汉语拼音的人，虽然这些在当时不易实现，但现在看来，却十分重要。只可惜，在新文化运动后期，他走上了不归路。

刘半农，系新文化运动的骁勇之将，武昌起义后，他曾辍学参加反清革命，在上海创办刊物，创作才子佳人小说，人称鸳鸯蝴蝶派文人。他向来笔锋犀利，语言生动。当时，他有一件事让人难忘：骂倒王敬轩。

1918 年，钱玄同在给编辑部的信中，将旧文人攻击新文学的谬论组合，树立对立面，由刘半农同期作答，刘半农毫无惧色，把封建种种谬论演绎得淋漓尽致。

1917 年 8 月，蔡元培邀请鲁迅为北大设计校徽，最终其设计的图案被采用。次年，鲁迅加入《新青年》，担任编辑，其《狂人日记》《孔乙己》《药》《故乡》等杰作均出于此。

鲁迅是进入北大的新人，他始终如一，坚定真诚，是难得的做出文学革命实绩的人。直到 1920 年任教北大，讲授中国小说史，其在北大共任职 8 年。

李大钊是章士钊推荐而来的，他早年留学日本，曾参加反对袁世凯的运动。鉴于章士钊工作繁忙，遂让李大钊来代替他图书馆长的职务，蔡元培欣然同意。

1917 年 11 月，李大钊到北大就任。从此，北大图书馆就成了传播马克思主义、宣传新文化的主要阵地。

此时的北京大学，众家齐聚，很快在文科中形成以陈独秀为首的新阵营，这些人也是蔡元培整治北大的主力军。受这些人的影响，北大的学风大有改变，不再有过去颓败的景象，并且思想自由、文学革命风气盛行。

可是在北大，并不是所有人都能接受新派。比如有些学者造诣深，可思想却很保守，辜鸿铭便是如此。此人博学多才，学术造诣深厚，但不满新派。不过，蔡元培并未有过激之举，他本着用其所长的想法，让其发挥最大能量，投身教育。

辜鸿铭，福建同安人，早年在英、德留学，掌握并精通英、法、德等多门外语，获得英国文学博士学位，受马建忠的影响颇深，极为崇尚传统旧学和封建伦理道德。

1885年，他在张之洞府中任文案近20年，1908年，他出任清廷外务部员外郎，两年后获得"文科进士"，辛亥革命后，继续效力清室。

辜鸿铭思想保守，崇尚尊王、尊孔，平时拖着一条长辫，穿着枣红色马褂，戴着瓜皮小帽，以复辟派自居。鉴于辜鸿铭学有所长，蔡元培便留他做文科教授，后因种种缘由，辜鸿铭与北大缘尽。

蔡元培任职北大校长期间，该校被一众贤能之士保驾护航，这也奠定了北大日后的辉煌业绩。

千里之行，始于足下，蔡元培带领北大，行走在一条革新之路上。

4. 奇才聚北大

是时，除了举国皆知的能者，北大的人才远不止这些。

刘师培，名光汉，又名申叔，江苏仪征人。作为《文选》派的国学家，刘师培是闻名遐迩的"筹安会六君子"之一。他的汉学功底极其深厚，家学知识也十分渊博。早年的刘师培参加过光复会，主张排满复汉，还曾与蔡元培共事，参加编辑《警钟日报》。

1907年，刘师培逃亡日本，在东京做了《民报》的记者，参加同盟会。可是不久之后，发生变故，他投靠清朝的两江总督，做了暗探，被革命党声讨，鲁迅称其是"侦心探长"。辛亥革命爆发后，孙中山不念旧恶，亲自致电资洲君政分府，吩咐优待刘师培，并护送入京。蔡元培也奉命以教育部的头衔，向军政分府发送电报，让把刘师培释放。

1915年，袁世凯复辟帝制，刘师培声名狼藉，他以研究共和制得失为名，鼓吹复辟帝制，遭到人们的唾弃。袁世凯失败后，他又隐居天津，因其国学造诣深厚，又为章太炎弟子，后经章太炎推荐，蔡元培同意让其担任北大文科教授

黄侃，字季刚，湖北人。在中学时期，他和宋教仁是同学，因倡言革命，被开除学籍。之后就东赴日本，参加了同盟会，他亦是章太炎弟子，还曾为其撰稿。他的国学造诣很深，擅长音韵律训诂，对文学也颇有研究，虽然其本人思想保守，可任职北大期间的贡献亦不可小觑。

致力办好北大的蔡元培，不惜动用各方面的力量招揽人才，希望他们能发挥各自的优势。梁漱溟在北大时，所作贡献亦是让人赞叹不已。他24岁时报考北大，可未被录取，后来自修哲学，有所新见。蔡元培在《东方杂志》上读到他的《究元决疑论》，觉得是"一家之言"，遂和陈独秀商议，破格录用他，请他到北大讲印度哲学。不过，梁漱溟却不太自信，后来又经蔡元培一次次地做思想工作，加之蔡元培诚恳的态度，梁漱溟终于答应了。

当时，梁漱溟根本没有什么准备，蔡元培慧眼识人，看中的就是他的才学，真心希望他能来北大。

梁漱溟进入北大后，就问蔡元培对孔子持什么态度，并表明自己并不反对孔子，他说道："我此来除去替释迦孔子去发挥外，更不作旁的事。"

在北大，梁漱溟的成就很大。任教 7 年中，他讲授《印度哲学概念》《大成唯识论》《东西文化及哲学》等课程，并著成《印度哲学概论》《东西文化及哲学》等专著。他在北大的任职生涯，并没有让蔡元培失望。

再说到丁文江，也是别具一格。他本是在实业部矿业司工作，职务为地质科长。对北大兴办地质门，他有所耳闻，便去查看，可之后他却说"有名而无实"。胡适听到他的言论，便带他见蔡元培，蔡元培在听取了丁文江的意见后，请他主持地质门。

除此之外，对于那些进步青年，蔡元培也是不遗余力地援引，毛泽东就是个典型。当时毛泽东、蔡和森原本都在湖南第一师范念书，是杨原教授的学生。1918 年，为处理学会事情，他们便来到北京。

先到北京的蔡和森，希望毛泽东听从建议，进入北大，即能打下"可大可久之基"。1918 年夏天，毛泽东和几个新民学会员到达北京，并想留在北大工作。据同伴回忆：他们给蔡元培写信，要求毛泽东作为校内清洁工人。蔡元培一听，便知其意，看到毛泽东刻苦执着，自勉努力，他果断回复，让毛泽东去图书馆工作。

于是蔡元培给图书馆长李大钊写信，信中托付李大钊为毛泽东在校内找一职务，让他半工半读。后来，毛泽东在图书馆做了助理馆员。他对蔡元培始终崇敬，也就源于此处。

除了大刀阔斧地引进人才，蔡元培也敢于辞退庸才。北大的教师，不是个个都能担负责任的，对于害群之马，蔡元培毫不手软。

"探艳团"团长徐佩铣道德败坏，不仅自己品质下流，还带坏学生，影响极其恶劣，蔡元培断然将他辞退。

另外，就是外籍教员了。这些外籍教员大多有靠山，他们在北大，学问没做多少，事端却惹了很多。例如克德来、牛兰德、斯华鲁、伦特等，后来均被辞退。这些教员扬言要与蔡元培诉诸公堂，此事惊动了外交政府，外交总长亲自过问，另有英国公使威胁，可蔡元培毫不退缩，坚持将他们予以开除。

蔡元培在《我在北京大学的经历》中回忆道："那时候各科都有几个外国教员，都是托中国驻外使馆或外国驻华使馆介绍的，学问未必都好，而来校既久，看了中国教员的阑珊，也跟了阑珊起来。我们斟酌了一番，辞退了几人，都按着合同上的条件办的。有一个法国教员要控告我；有一个英国教员竟要求英国驻华公使朱尔典来同我谈判，我不答应。朱尔典出去后说：'蔡元培是不要再做校长的了。'我也一笑置之。"

显然，蔡元培绝不是计较自身利益的鼠辈，他敢于同外国教员对立，这种勇气令人敬佩。

在蔡元培整顿文理科之前，有人提议说，文科过于偏重，理科过去偏轻，不应该广泛收集文学、哲学类人才，对那些物理、化学、生物方面的贤能者也应有所扩充。蔡元培听取意见，因他对国际高水平的科学技术也很敏感，于是又聘请物理学家夏元瑮为理科学长，此外，还请了李四光、任鸿隽、李书华、王星拱、颜任光、何杰等一批杰出学者。

与此同时，法科教学也有所改变。过去是政府官员兼职授课，此时改为由专任教员授课，并规定专任教员不能在校外兼职，政府官员也不能成为专任教员。此后，陈启修、王世杰、陶孟和、马寅初等专业学者接踵而来，法律、经济、社会科学等方面日益完善，变得愈发独立起来。

随着大量学者来校任职，自然科学、法学开始系统地进入中国的教育领域，逐渐成为新的知识体系。

北大的师资力量，从1917年到1918年这短短的两年时间，经过了大力整顿，有了很大的提高，面貌焕然一新。据相关统计，全校教授一共90人，平均年龄约为30多岁，少数几人只有22岁，而此时北大本科生的年龄都达到了24岁，可见，当时的北大教师还是相当年轻的。

在蔡元培的不懈努力下，北京大学从之前的腐朽没落，已逐渐变得充满朝气，这种质的变化着实令人欣慰，这也对学校之后的改革起到无比重要的作用。

5. 容纳新思想

大学者，"囊括大典，网罗众家"之学府也。倘若文化是民族的灵魂，那么大学的思想就是学校的支柱。

《礼记·中庸》中有云："万物并育而不相害，道并行而不相悖。"

蔡元培在《北京大学月刊发刊词》中说："如人身然，官体之有左右也，呼吸之有出入也，骨肉之有刚柔也，若相反而实相成。各国大学，哲学之唯心论与唯物论，文学、美术之理想派与写实派，计学之干涉论与放任论，伦理学之动机论和功利论，宇宙论之乐天观与厌世观，常樊然并峙于其中，此思想自由之通则，而大学之所以为大也。"

在北大，这种百花齐放、百家争鸣的格局，促使了学术思想极度活跃，讨论之风盛极一时。

随着陈独秀进入北大，《新青年》也随之迁入。此时，陈独秀不仅身兼文科学长职务，更是推动新文化运动的干将。事实上，《新青年》已经成了北大同人的刊物，宣扬着民主、科学，传播着西方的新学说，力主个性解放，抨击封建礼教，对那些"选学妖孽，桐城谬种"严厉抵制。

胡适、李大钊、鲁迅、陶梦和、刘半农、钱玄同等革新志士，在北大乃至全国知识界，掀起了巨大波澜，形成了辛亥革命之后的新激流。由此，青年学生受到启发，老师亦受到鼓舞，他们纷纷而起，也为祖国增添着自己的力量——"新潮社"就是在此时兴建的。

新潮社在当时十分有名，此为傅斯年、徐彦之、罗家伦等人所建。其目的是作为革新的策源地，为学生宣传改革精神、推动学术研究尽力，他们还创办了《新潮》。《新潮》的创办，同时也得到了蔡元培、陈独秀、李大钊等人的大力支持，蔡元培批准经费；李大钊在图书馆为其谋办公处所；就连发行也是由学校出版部办理。

《新潮》建立后，又有一大批革新人才涌现，包括俞平伯、谭平山、毛子水、叶圣陶、杨振声等人。

1918年10月13日，新潮社第一次预备会拉开帷幕，决定创办文物的必备要素：批评的精神、科学的主义和革新的文辞。12月3日，《北大日刊》中有文章称："专以介绍西洋近代思潮，批评中国现代学术上，社会上各问题为职司，不取庸言，不为无主义之文辞。"

《新潮》又可以说是《新青年》的产物，它们相互配合、关系密切，是反封建文化的白话文刊。它反对封建礼教，反对腐朽士大夫文学，提倡解放思想、解放妇女，宣传文学革命等，在伦理革命方面很具特色。

在之后的五四运动时期，北大也迫于各界的压力，实在难以将这种"新"的局面维持下去，而它本身并未消亡，这已经算是奇迹。《新青年》《新潮》杂志中的主力成员均已各奔东西，到后来只是名存实亡罢了。

在当时，北大那些热衷国学的教员，对《新青年》的激昂言论很是不满，为了保护他们所谓"中国固有之学术"，他们建立了《国粹学报》，以此对抗《新青年》，后来又创办《国故》月刊，此也吸引了不少热心国学的师生。

北大不仅存在新、旧思想的师生，持调和态度的也大有人在。《国民》杂志社就是由这些北大师生所建，在新旧文化问题上，他们不褒不贬，态度中性。在蔡元培"兼容并包"的方针下，北大在选聘教师、课程安排、课外活动等方面充分体现了这一点。

陈独秀等人的《新青年》，代表了思想文化的进步，是继辛亥革命后又一大浪潮。它指导着新一代青年认知前所未有的东西，因而蔡元培把这些时代精英纳入北大。

陈独秀性格耿直，细行不检，执意推行新思潮，所以他引起众人的不满。幸好蔡元培着眼远方、极力维护，才保障了陈独秀启蒙事业没有半途失败。

在旧学方面，蔡元培也很重视。对于崔适，蔡元培认为他学术造诣很深，特别是他的《春秋复始》，遂延请为北大文学教授，以传其心得；吴梅，精通戏曲艺术，擅长词曲，蔡元培亦请其当国学教授，她使那些"淫词艳曲"作为一门学问，在北大也占了一席之地；还有王国维、罗振玉、陈汉章、马叙伦等人也都受蔡元培邀请，任教北大。

如同当年顾颉刚所说："蔡先生聘任教师，不问人的政治意见，只问人的真实知识。"也因如此，像刘师培、辜鸿铭那样学识广博的人物又被延聘。各方学者相继踏上北大讲坛，北大的课程也变得繁杂起来。

文字训诂科目，章太炎弟子马裕藻、黄侃、朱希祖等人造诣颇深；政法科目，不仅有大陆法系的张耀曾，也有英美法系的王宠惠；旧诗科目，沈尹默主讲唐诗，黄节崇尚宋诗；经学科目，有传授古文学派的刘师培，亦有主讲今文学派的崔适；外语科目，由偏重英语转向兼容并包，增加俄、德、法等国的语言文学科，甚至纳入世界语这一选修课。

北大以此为基础，践行着蔡元培的新型教育方式，他切实希望学生能够解放个性，自由发展、思想进步，而且要尽可能汇聚一处，多想多讨论，在比较和选择后，改变自己的思想、积累自己的学识。此外，蔡元培的教育方式还可以让各类学派、观点在竞争中实现"优胜劣汰"。

在《我在教育界的经验》和《我在北京大学的经历》中，蔡元培分别说道：

"无论何种学派，苟其言之成理，持之有效，尚不达自然淘汰之命运，即使彼此相反，也听他们自由发展。例如陈君介石、陈君汉章一派的文史，与沈君尹默一派不同；黄君季刚一派的文学，又与胡君适之的一派不同，那时候各行其是，并不相妨。"

"我素信学术上的派别是相对的，不是绝对的；所以每一种学科的教员，即使主张不同，若都是"言之成理，持之有效"的，就让他们并存，令学生有自由选择的余地。最明白的是胡适之君与钱玄同君等绝对的提倡白话文学，而刘申叔、黄季刚诸君仍极端维护文言的文学，那时候就让他们并存。"

蔡元培的"兼容并包"和"思想自由"，是他教育思想的最重要的一部分，也是其一贯坚持的教育方针。他的这种教育理念，让所有学术观点、思想主张都能尽情表现，各行其道。

毫无疑问，"兼容并包"的方针是极其正确的，它带动着教育和学术的发展，促进着北大的阔步向前。

6. 营造新氛围

北大除了日常的教学，在课外活动方面也有明显的新气象。当时，蔡元培鼓励师生创建刊物、组织各种学术团体，他表示会大力支持和扶植。起初，只是蔡元培自己督促和领导，学生本来就自由散漫，强加给他们更是行不通，可就是这样，许多组织竟自发建立了起来。

不但每个系可成立各类会，谁想组织什么会就可以组织什么会，有怎样的才艺就可进怎样的会：静坐会、武术会、辩论会、书法研究会、画法研究会、音乐会等，不一而足。这种学校活动的自由性，极大地丰富了北大师生的课余生活。

从那以后，北大再也不是之前的北大，学生们的学习态度也有了极大的转变，不再贪图享受、玩乐，而是把心思投到了学业、国家之上，显然，蔡元培的举措，让北大成了名符其实的高等学府。

当时，北大成立了新闻学研究会，是由蔡元培和徐宝璜等人发起的，它于 1918 年 10 月成立，它是中国首个有组织的新闻学研究团体，开启了中国报业教育的进程。

此会在北大虽只存在两年，可其作用巨大，培养了一批具有专业精神的青年。有些会员成了著名的革命领袖，比如毛泽东、李大钊；有些会员则成为著名社会活动家，如罗章龙等；还有些会员成了报刊、杂志的重要作者，如谭植棠、高君宇等人。

据毛泽东回忆："我参加了哲学会和新闻学会，为的是能够在北大旁听。在新闻学会里，我遇到了别的学生……还有邵飘萍。特别是邵飘萍，对我帮助很大。他是新闻会的讲师，是一个自由主义者，是一个具有热烈理想和优良品质的人。"

此外，还有哲学研究会、《每周评论》《国民》月刊等，它们都在某种程度上促进着北大的发展，也对五四运动的爆发起到了推动作用。

哲学研究会，它的宗旨是研究东西方诸家哲学，瀹启新知。该研究会在当时唯物和唯心各派方面起到一定作用，在社会上也有一定反响。

《每周评论》由李大钊、陈独秀、张申府发起，其特色是紧跟实际、针砭时弊、干预现实，其在一定程度上弥补了《新青年》的缺陷，但在研究学术文化理论方面存在不足。

《国民》的发行，得到了众人的指导和帮助，包括蔡元培、杨昌济、陈独秀、李大钊、徐宝璜等。蔡元培参加了杂志社的成立大会，发表了演说，并为月刊的创刊号作序，阐明了杂志的爱国动机，对学生的爱国评价很高。

《国民》的影响很大，对五四运动的爆发起到了一定的催化和辅助作用，其中很多人都成了五四运动的骁勇战将。

北大的巨变，使之成为五四运动和新文化运动的策源地，后来又成为传播马克思主义的中心。

俄国十月革命后，马克思主义被传入中国。说到马克思主义，则必须要说说李大钊，他作为"中国马克思主义"的第一人，在北大的贡献巨大。

1918年，在新思想大潮的影响下，陈独秀也把马克思主义引进新文化运动。与此同时，北大出现一批努力学习、热心传播马克思主义的学生。毛泽东就是其中一员。他曾回忆："当我在北大任图书馆助理员的时候，在李大钊的领导下，我就很快的发展，走向马克思主义之路了。"

同年冬天，李大钊组织成立了"马克思主义研究会"，不仅在刊物上介绍马克思主义，而且首次在课堂上讲授。在北京市档案馆，还珍藏着一份有关马克思主义的试卷，试卷用毛笔作答，字迹工整，李大钊给出很高的评分。从这份试卷上可见，马克思主义课程在当时与其他课程无异。

1920年3月，在李大钊的秘密组织下，"马克思学说研究会"成立，随之，"北京大学社会主义研究会"又于当年年底成立，发起人是李大钊、何思枢、梅祖芬、徐其湘等人。该会的宗旨是：集合信仰，与有能力研究社会主义的同志互助来研究并传播社会主义思想。

这两个研究会的成立，以及李大钊开设的社会主义课程，都是经过蔡元培同意的。对此，罗章龙印象深刻："马克思学说研究会启示写好以后，由我和另一位同志去找蔡元培先生，要他同意把启事刊登在《北京大学日刊》上。我向蔡先生宣传一番我们为什么要组织马克思学说研究会的道理，蔡先生看了一下启事和名单，沉默了一会，最后同意给予刊登了。"

至五四运动前，马克思主义在北大已不是什么秘密，其开始成为一股强大的思想激流，在北大的各个角落涌动着。

后来，继任的北大校长在《蔡元培与北京大学》中说："在当时反动派到处防范，侦缉'过激主义'、'过激党'，北大居然能成为荡漾着马克思主义春风的绿洲，这是与蔡元培先生的开明方针和保护态度分不开的……蔡元培并非马克思主义者，但他允许'过激之论'存在，这就是坚持思想自由、言论自由的原则。"

马克思主义能在北大长存和发展，确实离不开蔡元培的开明方针，他坚持的"思想自由""兼容并包"，如同擎天柱一般，为马克思主义撑起了一片天空。

蔡元培提出并实践的教育方针，与他自身的教育背景、知识结构、中西结合的文化思想密切相关。

蔡元培年少时走的是科举之路，对儒家经典著作悉心研读，甚至到了科举之巅；步入中年后，基于时代的变迁，他开始大量接触西方文化，后来旅居德、法，更加深入了解了西方文化，感受到西方文明和东方文明的差异，充分理解了西方人文的精神内涵，从而形成了多元化的价值观念，他始终坚信：今世为东西文化融合的时代。

他曾在《旅法中国美术展览会目录序》中说："一个民族，要对世界文化有所贡献，必须具备两项条件，第一，以固有文化为基础；第二，能吸收他民族文化以为滋养料。"

文化的创新，多发生在不同文化相互交融、碰撞的时代，而教育家的首要职责就是创造新文化，这也是对世界文化的极大贡献。

试想，一个封闭的文化圈，也许有它辉煌的时刻，但若持续如此，必有它腐朽没落的一天。文化如同社会，需要不断地向前发展，只有在不断地碰撞和融合之间，才能适应时代的需求，毕竟，没有文化的接触，何来创造可言？

蔡元培一方面对罢黜百家、独尊孔子的言论给予否定，同时还要引导新思潮，于是，"兼容并包"成了他治校的主导方针，在这样的政策下，中西文化得以接触、融合、发展。

每一次百家争鸣局面的到来，都在很长时间内产生了"广而大"的影响，思想的创新、文化的发展、人才的涌动，无不体现了这一点。

五四运动前，新文化运动方兴未艾，实行"兼容并包"的北大，仿似带着历史启蒙的使命辐射四方，其学术文化氛围的剧变，逐渐营造出了一个近代以来少有的活跃局面。

兼容并包，其根基是学术至上、思想自由，蔡元培牢牢把握住了这两种原则，不论自己爱好与否，目的就是在校内营造学术民主，也正是这一点，令蔡元培受到世人的尊敬与赞扬。

颇为守旧的辜鸿铭在延聘后，服从了蔡元培的领导，五四运动后，甚至一同维护蔡元培的权威；黄侃也曾对人说过："余与蔡子民志不同，道不合，然蔡去余亦决不愿留。因环顾中国，除蔡子民外，亦无能用余之人。"梁漱溟这样评价蔡元培："因其器局大，识见远，所以对于主张不同，才品不同的种种人物，都能兼容并包，右援左引，盛极一时。后来其一种风气的开出，一大潮流的酿成，亦孕育在此了。"

可见，蔡元培在他人心中，甚至是在反对他的人心中，都是一种超然的形象。有此境界，自当是要有更大作为的。

7. 重视美育学

说到美育，不得不提蔡元培的美学思想，他的美学思想成型于他在德国、法国留学期间。在德国，对蔡元培影响最大的是康德的美学思想；而在法国，他又受到孔德派实证主义哲学观念的熏染，这两种思想是蔡元培美学思想的主要来源。他曾说过："美育者，孑民在德国受有极深之印象，而愿意出全力以提倡提供之者也。"

基于这些，在近代史上，蔡元培是在提倡美育这方面成绩极为突出的人。

蔡元培的思想中，也结合了很多中国文化因素，如哲学、伦理学，继而形成了独到的见解。

蔡元培一生都热衷于美学而丝毫没有懈怠过，他所撰写的文章《美术的起源》《康德美学述》《美学的研究法》《美学的进化》《美育与人生》《美术与科学的关系》《以美育代宗教》《美学讲稿》《美育实施的方法》等，便足以证明这一点。

美育，实际上说是对大众的感化，以教育人为目标。似乎从一开始，蔡元培就坚持着这种观点，所以，他从事的美学工作就有了一种社会性的动机，即通过美来净化社会，改善人心。由此，蔡元培把工作的重点放到了陶冶大众的心灵之上，而对美育理论体系的构建，并不那么看重，这并非他的兴致所在。

爱美之心，人皆有之。

蔡元培在书中提及："如其能够将这种爱美之心因势利导之，小之可以怡性悦情，进德养身，大之可以治国平天下。何以见得呢？我们试反躬自省，当读画吟诗、搜奇探幽之际，在心头每每感到一种莫可名言的怡适。即此境界，平日那种是非利害的念头，人我差别的执着，都一概泯灭了，心中只有一片光明，一片天机。这样我们还不怡性悦情么？心旷则神怡，心广则体胖，我们还不能养身吗？人我之别、利害之念既已泯灭，我们还不能进德吗？人人如此，家家如此，还不能治国平天下吗？"

可见，美学的力量是极大的，从怡性悦情到治国平天下，美育也就有了实施的必要性，这也是蔡元培要"感化大众"的原因吧。这种美学观点，在他的《美学与人生》中，体现得淋漓尽致。

蔡元培认为，情感人皆有之，却并非人人都有高尚伟大的行为，这是因感情推动力比较薄弱造成的。要想将弱转化为强，就需要陶养身心。而陶养身心的有力工具，便是美的对象，而陶养的作用，便称之为美育。

可问题接踵而至，怎样才能陶养情感？这也是问题关键所在。

蔡元培举例说明："一瓢水，一个人喝了，其他人就没有喝的；一小块只能容足的地方，一个人站了，他人则不能并立。这种物质上的'不相入的成例'，是助长人我之别，自私自利的计较的。转而观美的对象，就大不相同，如名山大川，人人得而游览；夕阳明月，人人得而赏玩；公园的造像、美术馆的图画，人人得而畅观。齐宣王称'独乐乐不若与人乐乐'；陶渊明称'奇文共欣赏'，这都是美的普遍性的证明。"

他还说："既有普遍性打破人我的成见，又有超脱性以逸出利害关系，所以当着重要关头，有'富贵不能淫，贫贱不能移，威武不能屈'的气概，甚且有'杀身以成仁'而不'求生以害仁'的勇敢，这种是完全不由于知识的计较，而由于感情的陶养，就是不源于智育，而源于美育。"

在蔡元培看来，这种普遍性和超脱性很有意义，运用这两种特性，是陶冶大众情感的关键。

在上海江苏教育会的演说中，蔡元培首先提出用美育代替宗教的观点。1917 年时，他在北京神州学会做了名为《以美育代宗教说》的演讲。

他说，美育，就是一种美感的教育，让人从各类事物中体会、提炼出的超出世俗的感想，这些不同于德育、体育、智育。论及上帝创世，解释自然等是智育，教会的戒律，是德育，而教会中的各种活动、仪式则为体育。

随后，他在撰写的《以美育代宗教》一文中写道：

"……宗教家择名胜的地方，建筑教堂，饰以雕刻、图画，并参用音乐、舞蹈，佐以雄辩与文学，使参与的人又超出世尘的感想，就是美育。"

蔡元培说，宗教是旧时代的教育，每个民族都有一个时代，将教育的重任托付给宗教家，因此宗教就必然包含了德、智、体、美的元素。蔡元培对四育的解释是建立在民族时代背景下的，而在不同的时代，它们似乎又有差异。

当科学越发达，人们发现，宗教学说有关自然、历史、人类社会等的解释不能成立，所以说，智育和宗教没有太大联系。而且，人类的社会行为也非一成不变，相反，它是随时代的前进随时发生变化的，是非、善恶，没有唯一的标准。

蔡元培说："现代人的道德须合于现代的社会，决非数百年或数千年以前之圣贤所能预为规定。"基于此种思考，他认为宗教是"过时"的，其是千年前人类思想的结晶，很多地方难以与现代化社会相匹配，不符合时代背景要求，故此，德育也与宗教无关。

蔡元培觉得，宗教尚存的价值，差不多只在美育中有所体现。美，是宗教中历久弥新的不变之物，谁也无法否定它的存在意义。不过，用宗教去完全代替美育，这并不准确。蔡元培总结了原因：一、美育是自由的，而宗教是强制的；二、美育是进步的，而宗教是保守的；三、美育是普及的，而宗教是有界的。

相比宗教，美育的优点突出，故此让宗教代美育是行不通的。蔡元培说，要让国人彻底清醒，非"扩充其知识，高尚其道德，纯洁其品性，必难幸致。"培养完全人格的道德教化是其中心要务。

在蔡元培心中，科学和美育是人类文化活动的两个支点，他曾说："文化是意志活动的现象，意志的活动，具有两种能力：'一是推理，以概念为出发点，演成种种科学；一是想象力，以直观为出发点，演成种种文艺。"

他在《传略》中还说："子民对于欧战之观察，谓国民实力，不外科学、美术之结果。……世界各国为增进文化计，无不以科学美术并重。吾国提倡科学，现已开始，美术则未也。"

可以说，蔡元培之所以对美育如此重视，实是因为他考虑到国家的建设之需。

蔡元培所说的美术，是一种广义的概念，为了实现美育的目的，则必然要把全民作为对象。根据当时的教育，他把实施范围分为"家庭教育、学校教育、社会教育"。

在家庭教育中，提倡居室清洁整齐，种花草、掘地窖，开辟可以小规模运动的空间，例如秋千、网球之类；除设施之外，对那些鄙陋、谩骂、恶虐词句加以反对，无论男女老少，都应该摒绝。

在学校教育方面，蔡元培认为，美育自从幼儿园时代便开始：舞蹈、唱歌、手工等都是美育的专课，即便是计算之类，在说话上也要在排列、音调上迎合其美感，让课堂变得生动起来。

从小学到中学，这几年的普通教育阶段，除了那些音乐、图画、运动、文学等课程之外，同时也要注重其他课程中的美。例如，充满数字、计算的数学，也蕴含着美学的观念，美术上的比例、节奏等都是数的联系。在几何图形、物理、化学科目中，许多声、光、电、气、原子等，也都与美学有关。

美术所使用的绘画材料，其中很多是化学品；而星月的光辉，在文学、绘画的范畴中，也有特别的魅力；植物的花叶和动物的毛羽，也都代表着美、象征着美；地理学中的名山大川和历史古迹，也一样是美育中用之不竭的资料。

中学过后，教育更趋专业化，而关于美育的学科，还在单纯地进行。热爱建筑、雕刻、图画的学生，可以进入美术学校；热爱音乐的学生，可以进入音乐学校；热爱戏剧的学生，可以进入戏剧学校；热爱文学的学生，可以进入大学文科；喜欢其他科学的人，就进入自己喜欢的学科学校。

在北大任职期间，蔡元培对美育丝毫没有懈怠过。北大开有美术史和美学课程，可从事美学教育的教师少之甚少，只有蔡元培和叶浩吾二人分别担任这两项课程的导师，在北大施行美学教育。蔡元培多次讲授美学，之后因病才停止。他的努力没有白费，美学的相关研究会孕育而生，书法、油画、音乐的各个研究会，均由相关教授安排妥当，学生自由选择学习。

关于美学理论的研究，蔡元培和同时代的王国维不同。在他一生的教育生涯中，极力提倡美育。民国之初，他把美育列入教育方针之中；在他刚任职北大校长一职时，就明确提出"美育代宗教"的主张，思想甚为明确；在新文化运动过程中，呼吁"文化运动不要忘了美育"，这在学界产生了不同程度的影响。

蔡元培所探讨的美术起源文章，在湖南教育界有关美学的多次演说，以及他以校长身份在北大讲授的美学课程，都旨在让国人认识并接受美育。他有关美学的研究，充分与现实联系起来，正因如此，才有可能让人理解他美学"入世"的倾向。

第五章　新文化运动

1.　裁用新体制

以蔡元培对欧美教育的了解，他深知其体制比国内好得多，同西方的教育水准相比，国内教育十分落后。体制上，以新换旧，教育的变革也势在必行，遂引进来，首先就用在了北大。《北大日刊》有载：

> "我初到北京大学，就知道以前的办法是：一切校务都由校长和学监主任、庶务主任少数人办理，并学长也没有与闻的，我以为不妥，所以第一步组织评议会，给多数教授的代表议决立法方面的事；恢复学长权限，给他们分任行政方面的事。但校长与学长，仍是少数。所以，第二步组织各门教授会，由各教授会与所公举的教授会主任，分任教务。将来更要组织行政会议，把教授以外的事务，均取合议制。并要按事务性质，组织各种委员会，来研讨各种事务。照此办

法，学校的内部组织完备，无论何人来任校长，都不能任意办事。即使照德国的办法，一年换一个校长，还成问题吗？"

蔡元培到任后，对学校的领导体制也做了大幅度整改。先是组织评议会，让教授代表议决立法之事。随后，他组织教授会，经过评选，推出各教授会主任，承担教务工作。最后，他组织召开行政会议，取用合议制，应对除教育以外的事。

这样一来，学校的内部组织结构比起以往完备了许多。蔡元培还提倡一年换一个校长，按照他的想法，任何事都可顺利处理，他对自己的做法相当自信。

北大的评议会成了最高的立法机构，也是学校的最高权力中心。第一次评议会，在蔡元培任职不久后设立，当时的评议员包括校长蔡元培、理科学长夏元瑮、法科学长王建组、文科学长陈独秀、工科学长温宗禹；教授代表为沈尹默、胡适、秦汾等人。

1918 年 4 月，教授会建立，会内共 11 科，每科设主任一人。是年秋，学校采取分系制，于是教授会就在各个系成立。经过众人的努力，学校在体制和管理上已经有所完善，主要体现在几个方面：一、评议会；二、行政会议，校长兼职行政会议议长，掌控全校行政大权，并负责实施评议会的决定；三、增设由各系主任组成的教务会议和教务处，推选出一名教务长，负责全校教学工作的领导；四、开设总务处，负责管理学校事务和人事工作，校长委任总务处长。

教授治校的理念已贯彻北大，从制度、组织上保证了北大的不断发展，并为建立民主、科学、现代的新型大学而前进。

在蔡元培的眼里，大学具有综合性，偏袒一科的，不能称作大学，必须要文、理兼备才行。

可见，大学课程是十分重要的。一所大学的质量与性质，与其领导者的指导思想密切相关。

1917 年 8 月时，蔡元培发表了《读周春岳〈大学改制之商榷〉》一文，文中揭露了大学对于不同的人，具有本质上的差异。而归其所旨，都是学问的研究与传播。

对于学校的性质，蔡元培已经了然于胸。本着这样的着重点，他在北大的学科设置中有所改革：其一，扩充文理科；其二，调整法科，预备分出；其三，将工科合并到北洋大学；其四，将商科纳入到法科之中，进而停办；其五，本科制替代原来的预科制。

在扩充方面，当时的北大，包含文、理、法、工、商五科，由于经费有限，只能保留重点课程，其余舍弃。在原有文科科目方面，先后增加中国史学、法国文学、德国文学以及俄国文学，理科也增设地质学等。调整后的北大学科，虽不是多么完善，但比起以前，可谓焕然一新。

在科目调整方面，当时北大法科人数最多，课程也较为齐全，完全具备独立分出、成为法科大学的条件。只是，因经费短缺，蔡元培想要将法科分出，与法专合二为一，然最终未能实现。

蔡元培认为，中学 4 年过于短暂，学生学习程度不高，难以和大学有良好的衔接。为解决此问题，他于 1912 年设立大学预科。然而，预科设立之后，问题重重，校长放任，课程与本科不衔接，反而自称预科大学，故此必须整改。

一番调整改革过后，学校过去那些办学太差的学科以及条件不够成熟的学科多被撤销或合并，文、理、法三科，将优势集中一处，其中以文理科最强、规模较大，最后质量逐渐提升。

文科有：国文门沈尹默，哲学门胡适以及英文门黄振生；理科有：物理门张大椿，数学门秦汾以及化学门于国奎；法科有：政治门陈启修，法律门黄右昌以及经济门马寅初。此后，北大又增加地质学研究所，何杰任主任。

同年 10 月，蔡元培建议推出选科制度，直至 1922 年，选科制方在全国普遍，可却沿袭至今，此足见选科制的优越性。

选科制也是北大学制改革中的一个重要环节。蔡元培曾回忆：北大留级者，因为数科不及格所致，需全部复习，学生没有兴趣，只是在教室睡觉、看其他书籍或是逃课。不仅一人如此，其他人也随之如此。后来有从美国回来者，称其"单位制"极好，后来就用于北大了。

蔡元培所说"单位制"，便是当今的"学分制"。因他一向主张发展学生个性，并说"教育者，与其守成法，毋宁尚自然；与其求划一，毋宁展个性"，此外他还说"有特长者，不可强屈之以普通……世界有进化的原则，有天才尤当利用之以为先导"，他的这些教育思想与当时的学科制甚为相符，故而学科制能被采用。

但凡大学，各种研究所非常重要，因此研究所的建立是极其必要的。蔡元培还说过研究所的好处：则凡毕业生之有志深造者，或留母校，或转他校，均可为初步之专攻。大学没有研究所，教员会不求进步。有了研究所，他们可以搜集资料，购备仪器，参考图书，开展研究。

随着学校的发展，研究所为了适应形势，做了进一步调整。

是年 11 月 29 日，蔡元培提出《北大研究所组织大纲》，文中表明要为研究者设立专门研究所，以此为设大学院做准备。《大纲》还规定，研究所分自然科学、社会科学、国学、外国文学，每门设主任一人，所长由校长兼任等。此外，各门设奖学金若干，金额、名额及奖励办法等另行规定。

新《大纲》颁布以后，国学门第一个成立，由沈兼士出任主任，委员有胡适、鲁迅、李大钊、钱玄同、马裕藻、顾梦余、朱希祖、沈兼士和蔡元培等人。

研究所的成立以及发展，对北大有着非凡的意义。教员们之间，形成了严谨的治学之风，对学术研究也贡献颇多；学生方面，培养了无数人才，做到了文化的传承。

蔡元培对北大的整顿，还表现在开创男女同校的先河。向来坚持男女平等的他，在民国初期担任教育总长时，就已推行小学男女同校的理念了。

1920 年，蔡元培在北大第一次对外招收女生，起初，录取女生并不容易，教育部的责难加上封建腐朽者的攻击，都成了男女同校政策的羁绊。尽管如此，蔡元培还是恪守职责，不理会那些舆论，一心把自己的想法落到实处。

令人欣慰的是，男女同校制度并未被扼杀在摇篮之中，反而在蔡元培开辟先河之后，在全国范围内实行起来。短短几年，就成了全国高校的通制。这在改造思想、改革旧文化、推动社会发展等方面都具有重要意义。

蔡元培在《我在北京大学的经历》中提道：

"我是素来主张男女平等的。九年（即 1920 年），有女学生要求进校，以考期已过，姑录为旁听生。及暑假招考，就正式招收女生。有人问我：'兼收女生是新法，为什么不先请教育部核准？'我说：'教育部的大学令，并没有专收男生的规定；从前女生不来要求，所以没有女生；现在女生来要求，而程度又够的上，大学就没有拒绝的理。’这是男女同校的开始，后来各大学都兼收女生了。”

蔡元培此举，为全国大学开了先例。众多人士对他关于男女平等的演说十分称赞。

因蔡元培办学开明，北大学生王昆仑为其姐王兰申请入学，得到蔡元培同意。1920年，王兰和另外两名女生进入北大文科，临时充作旁听生。当时，《北京大学学生周刊》对此做了报道。不久之后的暑假，录取男女新生事宜步入正轨。

其实，蔡元培的工作远远不止这些，还包括学生军训和推广平民教育等。

从教育层面来看，改革涉及高等教育体制、学校组织形式、学制、教育思想、教育平等诸多方面，从而实现了北大“从封建学府到近代综合新型大学”的实质性转变，此为教育界的楷模。

从思想文化层面来看，蔡元培引发的是一场学校师生的启蒙运动，可谓前无古人，这是带有西方民主科学色彩的激荡，对五四运动起到了孕育和催生作用。

2. 新旧起冲突

新旧交替在所难免，彼时，已不再是“克己复礼”的年代。作为一场启蒙运动，新文化运动的掀起，实质上是以救亡为目的的，旨在确立民主、发展科学、创造新文化。

此次运动之所以被称为“新文化”，是因其以文化方式发起。陈万雄曾说，新文化运动，是一刊一校革新力量的集结。其中的

"一刊一校"，分别指《新青年》和北京大学。

追根溯源，新文化运动开始的标志，是《新青年》的创办。

1915 年，《新青年》在上海创刊，每月一期，群益书社负责发行。在收卷发行期间，曾因为战争停办半年。后来再次发刊时，把《青年》更名为《新青年》。《新青年》的创办人是陈独秀，也是杂志的主要撰稿人之一。

向来主张新思想、新文化的蔡元培很支持陈独秀，在北大，《新青年》并没有因为主办地的变化而萧条，反而在蔡元培的极力支持下有了进一步的发展。加上新派人物的引进，《新青年》的力量更是有所增加，让北大成为新文化运动的主要阵地。

在内容上，《新青年》加入了李大钊、吴稚晖、胡适、刘半农、张君武等教员的文章，也有了毛泽东、常乃德、凌霜等青年学士加盟。

由此可见，比起之前陈独秀独领风骚的《青年》杂志，此时的《新青年》有两个明显走势：一是"北大化"；二是"青年化"。

在《新青年》的作者队伍中，大多是新一代青年，此后他们成为五四运动的骨干分子，是中国现代思想史的代表人物。换句话说，《新青年》进入北大，直接导致新文化运动的开展，并产生巨大影响。进一步说，这也是与蔡元培所坚持的方针分不开的，倘若没有他的开明思想，这场新文化的解放运动，不知要多少年之后才能爆发。

作为杂志的撰稿人之一，蔡元培竭尽所能地为新思想、新文化开辟新天地、引进新人，坚持兼容并包、学术自由的思想。

封建的中国，专制主义盛行，是共和国的大敌。那些倡导者看到了这些，所以在一开始，他们的指导思想就十分明确。旧封建的弊病，在人们心中已根深蒂固，集中表现在政治权力、法律制度中。要想改变现状，就必须从思想入手，狠下功夫。

陈独秀指出：如今要巩固共和，非将国民脑子里所有反对共和的旧思想一一洗刷干净不可，因为民主共和国的国家组织、社会制度、伦理观念和君主制度国家组织、社会制度、伦理道德观念完全相反，一个是重在平等精神，一个是重在尊卑阶级，万万不能调和。

又说："中外学说众矣，何者无益于吾群？即孔教亦非绝无可取之点。惟未可以其伦理学说统一中国人心耳。"

新文化运动明确提出打倒孔家，虽说如此，但倡导者也不是要取缔孔教、儒术等，这些传统文化之中还是有很多可取之处的。但其缺点也不少，与当时社会需要不符，故此必要取其精华，去其糟粕。

想要完全消除这种"定于一尊，至高无上"的精神、愚昧专制的观念，新文化运动者们便要倡导科学与民主。他们明确提出："国人而欲脱蒙昧时代，羞为浅化之民也，则急起直追，当以科学与人权并重。"

对于民主的具体要求，陈独秀要求独立自主的人格，平等自由的人权。在科学方面，不是让众多人士研究科学，而是志在倡导科学精神。

在历史的道路上，新文化运动开创了许多辉煌业绩：推崇白话文、标点符号以及汉语拼音；提倡男女平等和个性独立自由等。

在今天，白话大道如天，可在当时，白话文遭受巨大攻击，普遍不受认可。白话文给现代人带来了无尽的方便，另一方面，也使复古的封建主义不可逆转。

作为现代文章必不可少的标点，在今人看来毫不起眼，可在当时的国内引起轩然大波，一点一滴的改变，都倾注了新文化运动者的心血。而今日同样老生常谈的男女平等，当初的革新者为了争取这一基本权利，也不知承受了多少风险，面对专制的压迫、社会的舆论，他们选择迎难而上，最终大获成功！

陈独秀在《文化运动与社会运动》中论及创造文化的问题，他认为，文化的创造并非一朝一夕，它是涉及整个民族、整个国家的大问题，也不是凭借一两人之力即可完成的，是一项艰难而重大的任务。

新文化运动，是一场伟大的运动，作为它始终的参与者、支持者、保卫者，蔡元培没能如陈独秀、李大钊、鲁迅那样具有领袖之风，引领新文化的方向；也不像战将钱玄同、刘半农、吴虞那样扬鞭策马、冲锋陷阵，可他用自己的方式，自始至终担任着"大护法"的角色，支持和拥护着新文化运动，以自己独特的身份与林纾为首的顽固派激斗，毫不退缩！

蔡元培任职北大前，文科就分庭抗礼，形成两派，即"桐城派"和"文选派"。这两派均对革新改良者表示不满，对他们的种种主张加以反对，甚至谩骂新文化运动。

待蔡元培到任，《新青年》开始续刊，胡适发表了一篇名为《文学改良刍议》的文章，结果遭到了"桐城派"林纾的强烈抵制。林纾在胡适之后发表了《论古文之不当废》，公然反对文学革命。

作为新文化的领袖人物，陈独秀撰写《本志罪案之答辩书》，与社会种种责难对话，文中表示，要想从根本上拯救中国，只有从民主和科学两方面入手，而这又同中国的旧道德、旧伦理相违背，可见，这新旧文学的对立，不知道又要耗费多少心血。

他的文章一经刊发，就遭到顽固分子的围攻。这次，林纾以更大的气势把矛头指向北大。在《新申报》上发表《荆生》《妖梦》，其对新文化和北大的攻击丝毫不留情面，恶毒至极。

新文化革新者们，对于这一系列的攻击愤然反抗。李大钊发表了《新旧思潮之激战》，撰文称那些反对新文化运动的人是"鬼鬼祟祟的，想用道理以外的势力，来铲除这刚一萌动的新机"，并说他们"总不堂皇正大地站在道理上来和新的对抗"。在李大钊看来，反对者意识到新文化运动颠覆了对传统政治的认知，便想引来政治以外的势力与之对抗，这种人着实"真正可耻，真正可羞"。

李大钊还嘲笑那些反对者，他们连正面反驳的勇气都没有，在暗地里说三道四，从来不知道什么是真正的新文化、新思想，一味的守旧，只会让国家、民族继续腐朽下去。

此外，他还称那些只是躲在"伟丈夫"身后的小人，缺乏胆量和新势力正面相抗，顶多造造谣言、写写小说而已，十分无聊、幼稚。

李大钊的文章，可以说是公开与林纾等人叫板，希望他们能有所觉悟。与此同时，鲁迅也发表了《警告遗老》《旧戏的权威》等文章，回击那些抱着腐朽思想的人。

紧接着，林纾在《公言报》上发表了致蔡元培的一封公开信，将矛头指向新文化运动本身。起初，蔡元培对林纾的行为并未理会，但林纾公开信的发表，使得蔡元培立即作出回应。蔡元培以极其明确的态度揭示了林纾的虚伪："公爱大学，为之辩证可也。今据此纷集之谣诼，而加以责备，将使耳食之徒，益信谣诼为实录，岂公爱大学之本意乎？"

对林纾有关孔、孟伦常的一些看法，蔡元培也提出很多疑问，其对白话文的实行极其赞同。他言，林的看法，无外乎两点——一是"覆孔孟，铲伦常"；二是"尽废古书，利用土语为文字"。蔡元培根据这两点，逐一进行反驳。

关于第一点'覆孔孟，铲伦常'，蔡元培反问林纾："北京大学教员，曾有以'覆孔孟，铲伦常'教授学生者乎？北京大学教授，曾有于学校之外，发表其'覆孔孟，铲伦常'之言论者乎？"

接着他又指出："若大学教员于学校以外自由发表意见，与学校无涉，本可置之不论。今姑进一步而考察之，则惟《新青年》杂志中偶有对孔子学说之批评，然亦对于孔教会等托孔子学说，以攻击新学说者而发，初非直接与孔子为敌也。"

另外，对林纾白话文的观点，蔡元培加以嘲讽："《天演论》《法意》《国富论》等，原文皆为白话也，而严幼陵君译为文言。少仲马、迭更司、哈德等小说，皆白话也，而公译为文言。公能谓公及严君之所译，高出于原本乎？若内容浅薄，则学校招考时之试卷，普通日刊之论说，尽有不值一读者，能胜于白话乎？"

他设问林纾："公曾译有《茶花女》《迦因小传》《红礁画桨录》等小说，而亦曾在各学校讲授古文及伦理学。使有人诋公为以此等小说体裁讲文学，以狎妓、奸通、争有妇之夫讲伦理者，宁值一笑欤？然则革新一派，即偶有过激之论，苟于校课无涉，亦何必强以其责任归之于学校耶？"

蔡元培对林纾的反驳可谓"针针见血"，作为北大校长，支持他的人也加以声援。可顽固派却不罢休，辩论的失败，致使他们动用政治以及武力来弹压蔡元培。

尽管征程漫漫，蔡元培也下定决心永不退缩，他要带着民主和科学两位"先生"，驱散愚昧的浓雾，以自由和理性之光，照亮中华大地！

3. 文化大联结

人生行路，难免遭遇坎坷颠簸，有的人遇到挫折，便永久地后退，而有的人则不然，如蔡元培，他越是遭逢艰难时刻，就越能做出无畏的选择。

新旧之争之际，双方的矛盾愈演愈烈，甚至惊动了民国总统徐世昌，他几次召见蔡元培等人，以"协调"为由干涉北大新思潮，给蔡元培施加压力。

据傅斯年回忆："五四"之前，北京就因北大师生的文学作品而动荡不停了。北洋政府不放心，对蔡元培加以恐吓施压，还派侦探进行跟踪。一天晚上，蔡元培和一谋客洽谈，商量如何解决北洋政府之事，谋客建议解聘陈独秀、约制胡适，为的是保存机关，保存北方读书人。蔡元培沉默不语，他认为，身为校长，学校的责任应全部由他负责，他可以忍受北洋政府的可耻行为，但他们绝不能碰学校中的其他人。

在当时的情境，蔡元培能不顾自身安危，全然为学校考虑，说出此番铁骨之话，是何等的大无畏？面对北洋军匪及各界压力，能有这样言语者寥寥无几，他为国家种下读书、爱国、革命的种子，是一种怎样的高尚人格！

1919 年春，反对势力日益强大，舆论压力也越来越大。无可奈何的蔡元培，借着学制改革之机，免掉陈独秀文科学长职务，不过仍令其为北大教授，同时开除了学生张厚载。

五四运动之后，蔡元培对新文化运动还是支持的。次年 4 月 1 日，他发表了名为《洪水与猛兽》的文章，讲到了"洪水"与"猛兽"的典故。

"洪水和猛兽"出自《孟子》,《孟子》中说:国家的历史是治、乱交替的,4200年前的洪水是第一次大乱;3000年前的猛兽,是第二次大乱。后来,孟子又说道,他那个时候,大乱是杨朱、墨翟的学说。把自己的拒杨墨比较大禹之抑制洪水,周公之驱猛兽。

后来,人们总是用这句话来攻击别的学说,如唐宋儒家攻击佛老时;清朝程朱派攻击陆王派时;此时旧派攻击新派时,都用其来比喻。

蔡元培继续指出,用洪水比喻新思潮比较合理,因为它来势猛烈,大有摧毁旧习之势,而猛兽则好比"军阀"。他称,眼下是洪水和猛兽的竞争,只要能驯服猛兽,排掉洪水,中国的太平盛世指日可待。

陈独秀在《蔡孑民先生逝世后感言》中总结,胡适和他主要负责"五四"时期的思想、言论,而五四运动本身并非某些人所酿就,无论功过,它都是社会的必然产物。当然,倘若没有蔡元培的制度、方针的支持,胡适、陈独秀的大力倡行,五四运动不可能发起。

新文化运动中,蔡元培的新思想也独具特色。他反对专己守残,高度支持白话文,呼吁在文化运动过程中不要忘记美育。

对于专己守残,他在北大开学演讲时就曾提出用文化多元化发展,以此来替代旧的教育陋习,既然称为大学,就不应有专己守残之说。

他还在《北京大学月刊发刊词》中说:

"吾国学子,承据子、文人之旧习,虽有少数高才生知以科学为单纯目的,而大多数或以学校为科举,但能教室听讲，年考及格，有取得毕业证书之资格，则他无所求；或以学校为书院……守一先生之言，而排斥其他。于是治文学者，恒蔑视科学，而不知近世科学……治一国文学者，以能读古书为足用，不耐烦于科学之实验，而不知哲学之基础不外科学，即最超然之玄学，亦不能与科学全无关系。"

蔡元培所提及的，若是从文化角度看，是新文化思想的一部分，而若从教育角度看，则又是一种新态度。可以看出，他的这番话，体现了新文化运动的核心：反对旧文化，提倡新文化；反对专制，提倡民主科学；提倡学术自由，努力向外国学习。

是否提倡白话文，是新文化运动中最为激烈的矛盾。白话文的种种好处，今已不必多言，可在当时，却难以实现。

其实，明代时就有了白话文小说。蔡元培在创立《警钟日报》时，有些文章都采用白话文记叙，陈独秀也在芜湖创办了白话报纸等。不过，那时的白话文只作为一种体裁，偶尔用到，目的就是通俗易懂，而非取代文言文。

胡适的《文学改良刍议》，是第一篇提出要用白话文取代文言文的文章，蔡元培对此很是赞同。作为一校之长，他在多次演说中极力推崇白话文，从实际角度有力地推动了这一改革的发展。

1919年，蔡元培做了名为《国文之将来——在北京女子高等师范学校演说词》的演说，他说，有关国文的问题，无外乎是白话文与文言文的对峙，他日，白话文必然胜于文言文，道理很简单，白话文传达的意思直白，而文言文等于是借着"古人之口"传达今人之意，显然是更耗时费力的，既然是要让人明了，又何苦偏用古话？

改革发展一段时间后有所成效，后迫于形势，北洋政府下令一律采用新式标点；规定国文教科书改为白话文。至此，白话文在全国范围内迅速传播开来。

美育，作为一种新思潮，更能体现蔡元培学习西方文化的态度。他对美育的了解，始于法国。在法国，他就深深懂得了美育的重要意义，并加以考察、研究。回国后，逐渐把美育加以传播。

1919 年 12 月 1 日，蔡元培在晨报发表了名为《文化运动不要忘了美育》的文章，论及了新文化问题，这种产自西方的文化体现在社会的诸多方面，人们对它早已熟知。但现在看来，人们只是停留在空想的阶段，并没有切实地把运动搞起来。想要实施科教政策，美育必不可少。

针对国人的现状，蔡元培做出实际性论述：

"我们现在，除文学界稍微有点新机外，别的还有什么？书画是我们的国粹，都是模仿古人的。古人的书画是有钱的收藏了，作为奢侈品，不是给人人共见的。建筑雕刻，没有人研究。在嚣杂的剧院中，演那些简单音乐，卑鄙的戏曲。在市街上散步，只见飞扬尘土，横冲直撞的车马，商铺门上贴着无聊的春联，地摊上出售那恶俗的花纸。在这种环境中过生活，什么能引起活泼高尚的感情呢？所以我很望致力文化运动诸君，不要忘了美育。"

可见，蔡元培将美育和人们的生活仅仅联系在一起，论述了美育在实际生活中的重要性，他对美育的思想是贯彻始终的，并没有因其他事务的冲击而埋没了美育。随着新思想的逐渐深入，蔡元培把美育提高到自由、平等、博爱的高度。

蔡元培在北京高师的演说词中说："从教育着手，去改造社会，改造之点，繁不胜举。但是简单说来，可以归到教育调查会定的两句话'养成健全人格，提倡共和精神'，……所谓健全人格，分为德育、体育、智育、美育四项，换言之，和自由、平等、博爱的意思亦相契合的。都能自由平等，都能博爱互助，共和精神亦发展了。"

后来，蔡元培在新加坡南洋华侨中学演说中再次强调美育的重要性：自古至今，世人对美育的重视不够，虽说国人并没有完全忽略美的存在，但不把它单独拿出来，很难让国人警醒。

新文化运动丰富了文化改革的内容，对新文化的传播以及实践都具有重大意义。在整个新文化运动过程中，蔡元培自始至终支持其发展，坚持自己的方针，有自己的思想，不惧艰险，为北大、为国家做出了不可磨灭的功绩。

4. 辞别北大

国家的利益，即国民的利益，国家存亡之时，每个人都应站出来，畏畏缩缩，那是小人所为！

1919 年 5 月 4 日，五四运动爆发，其导火线是巴黎和会的失败。至于运动的爆发原因，则是多方面的，其中有北大改革的民主之风推动，也有新思潮文化的激烈冲突等。

1918 年，第一次世界大战宣告结束，因中国加入了协约国阵营，并对德宣战，派出 20 万华工参战。故而，协约国的胜利，也为中国迎来了一次伟大的胜利。为此，北京学校放假 3 天，庆祝胜利，天安门附近拥挤不堪，举国上下沉浸在一片欢乐之中。

蔡元培本人也是兴致高昂的，他和北大同人以及社会名流在天安门连续演讲，宣传"生物进化，恃互助，不恃强权"等信念，传递西方进步的思想观念。

20万名外派华工，凭借自身的努力和血汗换来了"战胜国"的头衔，蔡元培特此发表《劳工神圣》的演说，对劳工极力地赞美，称他们的贡献是任何人都无法相比的，他们付出的是血汗，他们的努力让全中国倍感荣耀！

振奋人心的演说，给人们留下了深刻的印象。"劳工神圣"一词，在当时很快流行起来，直到五四运动，青年们高喊的口号中，"劳工神圣"还极具号召力，无论是对知识分子还是工农平民，都起到了鼓舞士气的作用。

蔡元培对第一次世界大战带来的胜利持乐观态度，正如胡适在《纪念五四》中所说："独秀和蔡先生在那时都是威尔逊麻醉之下的乐观者，他们天天渴望那'公理战胜强权'的奇迹出现，一般天真烂漫的青年学生，也跟着他们渴望那奇迹的来临。"

遗憾的是，乐观的劲头还没消退，辱国的消息就传入耳中，在巴黎和会上，中国代表团提出：取消列强在中国的特权，废除日本与袁世凯政府签订的"二十一条"；归还大战期间被日本抢去的德国在山东侵占的各种权利。这些要求，在英、法、美国家的操控下未能得到满足。

列强在中国的特权不能取消，签订的条约不能废除——在外国的操控下，中国还是不能实现自己的独立自主。外交上的失败，迅速引起了国内群众的不满，群众团体纷纷发表通电，召开会议，对巴黎和会表示抗议。

当时，蔡元培作为"国民外交协会"的理事之一，联名致电中国代表：要求交还青岛等一切权利，取消中日条约，取消有关山东铁道密约。他说："此次和会，国民认为国家之生死问题，亦即诸公之荣辱所系。成功而返，必受举国欢迎，永垂不朽。倘外交失败，必受国民裁判，为世唾骂。"

这次会议，是关乎中国荣辱的重要会议，务必成功，不许失败！

4月30日，该会收到梁启超从巴黎发来的最新消息，称："对德国事，闻将以青岛直接交还，因日使力争，结果英、法为所动。吾若认此，不啻加绳自缚，请警告政府及国民，严责各全权万勿署名，以示决心。"

5月2日，《晨报》公布外交失败。国人此刻才明白，巴黎和会是帝国的分赃大会，什么"和平""公理"，都是淹没事实的谎言罢了。

如此软弱的北京政府、政客总统，还决定要在合约上签字，凡是有良知的中国人，此时都应该站起来反抗！

5月3日，国务院已发出密电，指令在合约上签字。国民外交协会理事林长民得知，迅速召集协会首脑商议对策。

蔡元培把消息传达给北大，以便在杂志上刊明态度。其中，《国民》《新潮》杂志社发表多篇文章，来声援拒绝签约的主张。当天下午，蔡元培参加了国民外交大会紧急会议，得知大会决定将国民大会定在4日后召开，倘若巴黎和会不能胜利，那么就撤回专使。

晚上，北大学生举行全体学生大会，商议具体行动事宜。青年学生作为国家之栋梁，自然要将国家生死置于高位，且必须采取有效行动。随后，有的负责起草宣言，有的发表演说，甚至有学生当场咬破手指，在衣服上血书"还我青岛"四个大字，此令在场学生群情激昂。学生们决定，5月4日举行游行示威，各校代表回校通知，在天安门举行爱国大游行。

经过深夜的筹备，这永载史册的运动终于来临！

5月4日中午1时，北京大学在内的10余所学校学生，手持白旗，高举标语，列阵从学校出发，集结于天安门。金水桥边的横幅上写道：卖国求荣，早知曹瞒遗种碑无字；倾心媚外，不期章惇余孽死有头。头可断，青岛不可失去！取消21条。谢绍敏的血书"还我青岛"在高高的旗杆上飘荡，场面悲壮，感人肺腑。

仅仅在天安门楼前游行示威还不够，众多学生前往曹汝霖家中，想找他还个公道。当时，学生并没有对他的家人动手，在未找到曹汝霖本人时，便放火烧了他家，这才有了"火烧赵家楼"的事件。

未找到曹汝霖，章宗祥却被学生发现并痛打一顿。随后，徐世昌的兵马赶到，逮捕了未来得及撤走的学生。其中，北大学生20人，北京高师8人，文汇大学1人，中国大学1人，高工2人。

对于学生的做法，蔡元培矛盾重重，可还是站在了学生的一方。虽然他表示学生在校应以学业为主，不宜参与政治。即便有兴趣参与政治者，也不要牵连学校。可巴黎和会的失败，已经令他痛心疾首，看到学校学生思想进步，敢于表达民意，是这麻木的中国罕见的良知，故此他并未阻止这次五四运动。

五四运动发起人对此这样回忆，五四运动能够发起，这跟蔡元培的开明方针密切相关，正是那些"思想自由""兼容并包"的方针，才使得五四运动有了最根本的思想基础，也让北大成了五四运动的主力军。

本是对学校的秩序负责，一要对政府有所交代，二要对学生学习负责。故此，蔡元培在形式上劝阻学生，心中也不堪无所作为。

表面上看，这是蔡元培与学生立场的一致。可作为一校之长，他的内心也存在"角色"和"情感"的矛盾。毕竟五四运动影响很大，其中有焚烧家宅等极端行为。为此，北大遭到政府的严厉惩办。

蔡元培得知此事，并没有责备游行学生，而是对被捕学生极力营救。他表示，作为学校校长，本应引咎辞职，可他必须要对那些学生负责，将他们保释出来。

5月4日当夜，蔡元培去寻求孙宝琦的帮助，设法营救学生。孙宝琦却称无能为力，蔡元培便坐在会客室，从晚上9时到12时，一直不动。

次日，政府以教育部名义对校长下令，让其把闹事学生开除，徐世昌身边的反对派更是声称要解散北大。蔡元培集结14校校长召开会议，主题是如何营救被捕学生。会议商定：学生游行是校长的职责，不应该怪罪学生。

集结的校长团，包括中大的姚憾、农专的金邦正、工专的洪熔、高师的陈宝泉、医专的汤尔和等，他们准备前往警局，要求释放学生，如果不行，就前往教育部，再不行，就去总统府。一刻不释放，就誓不罢休。蔡元培还表示，为了学生的安全，愿意一人抵罪。

对于校长团的请求，教育部和总统府拒不接见，这使得营救措施一时无果。

6日下午，蔡元培率领各校校长再次前往教育部，教育部总长傅增湘答应疏通工作。晚上，校长团又去警察厅找负责人吴炳湘，蔡元培愿意用生命担保，要求在把学生移交法庭前释放。经过长期的交涉，吴炳湘提出两个条件：一是禁止学生参加国民大会，二是各校明天必须复课，蔡元培立即答应。

次日，32 名学生被释放。蔡元培带着全体教职工和学生在红楼广场相迎，场面十分感人，不少人落下眼泪。蔡元培只是短短说了几句话，以示慰勉。

被捕入狱学生许德珩对当时的情景有过描述，他说留给学生印象最深的是蔡元培强忍下的表情，他的内心充斥着欢喜、鼓励、愤怒，情感交织下的蔡元培和学生共同行走，这样的校长，令人不无敬佩。

北大和政府的对立，让蔡元培的处境十分艰难。政府称，北大能有此次游行，与其提倡思想自由有关。安福系提出查封北大，惩办校长。

5 月 8 日，蔡元培主动提交辞职书，次日清晨，黯然地离开了北大。临走前，他亲笔写下《启事》一则。北大将其刊出："我倦矣！'杀君马者道旁儿'。'民亦劳止，汔可小休'。我欲小休矣。北京大学校长之职，已正式辞去，其他向有关系之各学校、各集会，自五月九日起，一切脱离关系。特此声明，惟知我者谅之。"

蔡元培的辞职，令北大师生无比震撼，但他们也对其"杀君马者道旁儿"感到困惑。学生以为，蔡元培怪罪了学生，所以辞职。后来，文科教授程演生加以解释：此句，出自《风俗通》："杀马者；路旁儿也。言长吏养马肥而希出，路旁小儿观之，却惊致死。按长吏马肥，观者快之，乘者喜其言，驱驰不已，至于死。"

学生对蔡元培的误会，就此消除。

10 日午后，北大职员段子均从天津带回蔡元培《告北大同学诸君》的信，信中浅谈了蔡元培离校的原因，身为一校之长，他未能管理好学生，任他们游行示威，其难辞其咎。可同怀爱国之心的他，又不忍学生入狱受苦，只得将学生都救出后再辞职也不迟。

其实，蔡元培作为校长，只是期盼学生有所成就，可当时的进步青年，哪个没有爱国之心、一腔热血？迫于各界的压力，他也只能做出这无奈的选择。

5. 杭州养病时

远离了繁杂的社会，放弃了困惑的棋局，不在官僚中踽踽独行，有时短暂的独居，也是不错的生活。

离开了北京，蔡元培又来到天津，逗留数日后转迁南方，途经上海，到达杭州，息影于西子湖畔。历经北大的风风雨雨，蔡元培身心疲惫，北方官僚之气甚重，他厌恶良久，便来此处修养身心。

置身这湖光山色，他十分惬意，劳顿大半辈子的蔡元培，此时萌生了远离世俗、寄情山水，继而著书译书，以此到老的想法。他再也不愿接触"不自由""半官僚"的生活，他在这段时间完成了李慈铭的《越缦堂日记》的相关工作。

李慈铭，一生坚持书写日记40年，记载了不同时段、不同地区的社会风貌，还有大量读书札记，文史价值很高。

李慈铭病逝后，受其家人之托，蔡元培开始对李氏日记进行整理，以备刻印，但后经多人筹划，未能实现。

1919年年初时，李慈铭的藏书准备出售，蔡元培得知消息，马上与友人商定，用影印的办法刊出李慈铭日记。之后，得到友人及出版社的支持，主持商务印书馆的张元济议定出版事宜。

李慈铭之侄璧臣带来 64 册日记，蔡元培经过对这些日记的整理，决定先刊发其中的 51 册。1920 年，《越缦堂日记》正式发行。

蔡元培离开北大不久，北大师生也深知他心中苦痛。

5 月 9 日，北京各大学校决定两日后全体罢课通电全国，观察政府行动。当日晚上，北大召开教职员会议，推举马叙伦、徐宝璜、康宝忠、李大钊以及沈士远等人前往教育部，力求挽留蔡校长。

次日，被推举的北大教员一齐赶赴教育部，拜谒部长傅增湘，恳请挽留蔡校长。当问到总统和总理对此问题意向如何时，傅增湘却有难言之隐，他说自己并不知晓他们意见如何，所以不能回答。

教员们再次表明蔡元培校长对于北大的重要性，并声称他的存在，已经不是北大一所学校的事了，他涉及教育和外交的前途，如果蔡元培不能回来，他们也将上交辞呈。消息传出，其他学校校长也发出声援：如果不能挽回蔡校长，他们也一并辞职。

蔡元培的德高望重，在此体现得淋漓尽致。

当日下午，北京 12 所大学校长在北大集会，他们认为：是否能挽回蔡元培，非一校长去留问题，遂决定上书政府，并当即起草，经每人签字后，第二天亲赴政府呈递。

在此期间，北京中等以上的学生联合会也向教育部递交呈文，力请挽留蔡校长。随后，"挽蔡"热潮由北京、天津进而转向全国。

5 月 15 日，上海学联发表《宣言》，称："蔡先生去，则大学虽存犹死，大学死，则从此中国之学术思想尽入一二有权威者掌握之中，而学界前途遂堕于万劫不复之境。"同时要求政府于一周之内给出说法，并让蔡元培继续担任校长，捍卫学校的尊严。

蔡元培在人们的心中，早已不再是简简单单的校长了。他代表的是教育界的最高权威，在不少人心中有着至高无上的地位。

对于学联的挽蔡，政府没有丝毫的表示。

5月15日，还是这一天，总统批准了教育部长傅增湘辞职，任命胡仁源出任北大校长。消息传出后，立即遭到了各阶层人士的反对。

两天后，北京各所学校继续与政府交涉，学联在《上大总统书》中作出六项要求：

> 一是不在和约上签字；
>
> 二是惩办曹、章、陆；
>
> 三是挽留蔡元培、傅增湘；
>
> 四是撤废警备令；
>
> 五是交涉留日学生被捕事；
>
> 六是维持南北和议。

如若政府不答应，就全体罢课。由于学联的坚持，政府勉强作出回应，并同意了《上大总统书》的六项要求。

20日，国务院催促蔡元培回校继任，并指令教育部同时行动，催其"早日回京，主持校务"。不过，蔡元培收到国务院和教育部的电函却回复："卧病故乡，未能北上"。

在此之后，学生的爱国运动逐渐上升为全国人民的爱国民主运动。期间，北京政府出动大批军队抓捕演讲学生，仅仅两天，被捕人数多达1000人，这引起了全国人民的不满。

随后，上海各界人士开展民众大会，号召工人罢工、商人罢市，以声援学生。继而，上海几万工人实行总罢工，商界罢市。与此同时，南京、天津、济南、长沙、重庆、武汉、成都、苏州、杭州等全国大中小城市，其爱国工人、商人均先后罢工、罢市。这次涉及全国 20 个省份的罢工潮，让政府极其恐慌，后迫使他们表态。

6 月 10 日，爱国民主运动达到高潮，甚至对整个军阀政府产生巨大影响。迫于无奈，政府下令罢免曹、章、陆；13 日，发布保护学生之明令，当天，国务院总理钱能训因对曹、章、陆案负责，宣布辞职，由他人继任；28 日，中国代表团拒绝在对德和约上签字。

至此，五四运动的两个主要目标基本实现，运动告一段落。

巴黎和会的结束，北大师生切实挽留了蔡元培继续担任校长一职。6 月 22 日时，北京教联、学联各派代表汤尔和、马裕藻、熊梦飞、徐森玉、沈尹默等人专门前往杭州迎接蔡元培归来。

同时，北大学生代表许德珩、段锡明也前去杭州，拜谒蔡元培，请他继续在北大改革。教育部为了表示诚心，也派秦汾赶往杭州，表示慰问。

学界的元老、教育部的人士、北大的师生，他们共同的请求使得蔡元培再无法拒绝，几经劝说，他终于收回辞意，满足了大家的心愿。

7 月 9 日，蔡元培向全国学联致电，表示：身体一好，便北上就职。

这一时段，全国各地经过罢工、罢课的影响，学界工作繁乱不堪，为了让学校各项工作正常进行，蔡元培一边让学长温宗禹"暂再庖代"，一边让从哥伦比亚大学回来的博士蒋梦麟先去北大，暂时替他处理校务，他本人则在杭州继续养病。

当时，蒋梦麟也在杭州，蔡元培让他和汤尔和一道商议，事情很快就决定下来。此后，尽管安福系曾想让胡仁源、蒋智由代替蔡元培出任校长，但在北大师生的抗争之下，都没得逞。

而这次风潮之后，学生能否精心学业、服从管理，也是一个摆在眼前的新问题。蔡元培的一些朋友说，这些学生将"遇事生风"，不会再安心了。蔡元培本人却态度积极，考虑更为周全，但也需做些必要的指导。

他认为：五四运动是一次重要举动，其唤醒了国民，意义重大，然学生牺牲学业，代价不轻。学生年少，不可单凭热情，要靠知识、才学，从根本上壮大祖国、报效祖国。

对于学界恢复之前的教育现状的行为，蔡元培大力支持，这也显示了他重视教学秩序、全力进行学术文化建设的决心。

7月21日，蔡元培致电全国学联：两个月来，学界损失很大，眼下学联所提条件都已满足，就没有不上课之理，故此应让学生重新投入课堂之中，以慰民望。

次日，学联响应号召，宣布终止罢课《宣言》；北京大学开会欢迎蒋梦麟；《日刊》登出蔡元培致北京大学公开信和《告北大学生和全国学生书》。书中对五四运动做出了肯定，肯定其是一场爱国、救国运动，但作为学生，还是要重在学术，尽快弥补损失掉的部分。

两个月后，蔡元培胃病有所好转，即刻返回北京。是年9月20号，蔡元培到校办公。校长的回归，让北大所有人兴奋不已，全校师生在礼堂集会，欢迎其归来，蔡元培也在会上作了答谢演讲。

回到北大后，蔡元培向教育部呈文，报告他已经正常任职，除了已通知蒋梦麟之外，也呈文"钧部备案"。另外，他还要求进一步完善学校体制，使之不因他的离开影响校务的正常进行。为此，他拟议组织行政会议以及各专门委员会，让学校正常运作起来。

当时，蒋梦麟负责通盘规划，做具体工作。这位美国留学生果然没让蔡元培失望，他设立总务、教务两个职能（智能）机构，并聘请各系教授充当委员会委员，这样一来，北大的治校系统更加完备。

在此之后，蒋梦麟任总务长，他一直是蔡元培最为得力的助手。蔡元培对这位博士十分看好，相信他的能力，每有远行，必让他代任其职。

当时的北京学界，局面比起以往更显出自由、活跃之气，各类团体大量涌现，各类思想广为传播，蔡元培仍坚持着"兼容并包"的方针，任其发展。

当时，胡适和陶行知的美国老师杜威，在北京到处传授实用主义和教育理论，引发了人们的思考和探讨。同时，李大钊也大力宣扬其政治经济学观点和史学理念。鲁迅更是深入北大讲坛，讲述中国小说史。呐喊"打倒孔家店"的吴虞，也斗志满满地点评诸子百家……

6. 坚决"不合作"

1921 年 9 月，蔡元培身在北京，远行归来，扫视祖国大地，仍旧一片狼藉，政治颓废，兵戎相见，战乱纷争不断。

"五四"之后，教育界又掀起一波大潮，刚刚恢复平静，可教育经费迟迟不发，蔡元培的同事、朋友采取各种措施，罢课、请愿甚至流血受伤，政府方才发放。

当时，教育局势很难维持，蔡元培目睹欧美教育之先进、科学文化之前列，也许是教育家的良知让他看不下去自己国家的落后，只能勉励自己、劝慰他人，共谋维护民族的"百年大计"。

在蔡元培任职的欢迎大会上，他勉励师生，教育是大事，首先教师应尽心尽责，不畏艰难。他觉得，罢课是一种最极端的行为，因为它的损失是巨大的。他心怀教育救国的信念，作为大学校长，他期望师生不惧艰险，能专心传播知识，建设新文化，并以此为长远目标。

尽管如此，可在当时而言，局势的安稳才是最为紧迫的问题。蔡元培纵有一身报国之志，可难解经费问题。

多年的纷乱，穷兵黩武，耗尽了国家的收入，此种艰难的形势，怎能让蔡元培不痛心？1922年3月，"教育独立"运动走向白热化阶段，蔡元培撰文——《教育独立议》，称保有教育独立资格。

彼时，蔡元培采取了法国的体制，划分若干大学区，遍布全国，大学事务由各所大学教育委员会主持；教育总长必须经过高等教育会的承认才能被选举出，并且不受政党因素的限制。在教育经费问题上，仿照美国，除了贫困地区由政府补助，其他地区从本区中直接抽税。

蔡元培的这种"教育独立"，充分反映了军阀统治时期的教育困境——想要为中国教育谋求新的出口。然而当时的现实决定了"教育独立"的意义甚微，学校仍是度日如年。

同年四五月份，直奉战争爆发，在京津地区，几十万人激烈厮杀。为了保护学校的安全，蔡元培提议建立北大保卫团，约有300余人参加。后来，蔡元培还邀请军事家蒋百里对学生进行军事教育。战争的结果是直系军阀获胜，他们掌控了北京。

是时，发誓 20 年不谈政治的胡适也第一次作政论，同蔡元培、罗文干、汤尔和等人联合发表《我们的政治主张》一文。这篇"书生议政"，寄希望于中国能出现好人政府，进行政治改革，从而达成南北议和，召集解散的国会，制定宪法，实现裁兵和裁官，推动中国政治走向正规化。最终，直系曹锟、吴佩孚致电孙中山终止北伐，结束"护法"。虽然南方国民党人很是不满，但他们认为合乎民情。

在北大任职的几年中，蔡元培作为社会名人，涉足政坛，然而很少顾及自己的党派身份，在多种问题上表现出较大的自由度。

他和梁启超等人时相过从，都曾是"研究系"的要员，以至林长民提出另组新党的建议，拥护他们二人为魁首；他和吴佩孚系统中的孙丹林等人有过多次交往，畅谈时局，在一段时间内像许多人一样，对吴佩孚寄托了很大的期望；汤尔和、罗天文、王宠惠等人入阁秉政，他和北大同人几乎变成了"院外集团"；而苏俄代表抵达京城，他又代表国民党与之洽谈。

总而言之，蔡元培这段时间的政治活动虽不是其主要工作，但也是颇为复杂的。

是年夏天，中国一些教育界人士会聚于济南，召开教育改革社首个年会。蔡元培以社董事的身份出席，在会上讨论学制修改事宜。随后，他又在教育部召开学制会议，通过了学校系统改革草案。

不久，新学制颁布，较旧学制进步很大：小学由 7 年改为 6 年，义务教育为 4 年，结合地方实际，不强行施加；注重学生的职业训练、补习教育；使用教材注重实用性；实行选科和分科，从而兼顾学生的升学和就业。

在制定新学制上，蔡元培付出了巨大努力，从普通教育的"六三三"制，到此次教育改革的标准中有"谋个性之发展""发挥平民教育"等，不难看出，这与其一向的主张相吻合。

在蔡元培任校长的最后一段时间，经费问题是其第一次提出辞职的原因。当时的北大相当拮据，政府拖欠欠款久久不还，于是北大采取措施，规定向学生征收讲义费用，此遭到了学生的强烈反对。后来，在北大形成为期一周的"讲义费风潮"，学校与学生之间对峙，矛盾重重，蔡元培毅然辞职，后经多方调节才收回辞意。在这种经济、政治都不能支撑的状况下，求学难，办学更难。

1922年12月，北大创立24周年。12月17日，学校举行纪念会，蔡元培发表讲话，回顾、总结了学校的发展历程。

蔡元培说，北京大学的二十四年，应分为三阶段。第一阶段，是从开办到民元时期。在这10多年间，学校进程坎坷，它的体制主要仿照日本。开办之初，北京处在顽固势力的压制下，办学者不敢同社会对抗，学校的方针是"中学为体，西学为用"。可见，教员和学者大多以旧学为主，西学方面却很难请到优秀的教员，学生也不感兴趣。

在中学方面，采用书院旧制，选拔有根底的学生入学，经过教习指导，专修一门。

第二阶段，是1912年到1917年。校长和学长率多名西洋留学生，加上国体初更，百事务新，大有完全弃旧之状。师生在自修室和休息室等地，都以会说外语而倍感骄傲。那时，中学则处于一个摆设的教学形态。当时所谓的西学，也只是囫囵吞枣，缺乏实际研究的精神。

第三阶段，是 1917 年到现在。学校提倡研究学理，力求以专门学者为学校主体，在课程上谋求中西贯通，但西学学成之后，便成了中国自己的学问。

从蔡元培的这番话中，是可见其对自己在北大的贡献仍是颇为自信的，无论是他自己的总结，还是今人的审视，皆可站得住脚。

在发表讲话前，"罗文干案"发生，这也成了蔡元培最终辞职的导火线。

罗文干乃北大的一位教员，曾在《我们的政治主张》上签字，后来出任王宠惠内阁的财务总长。他在政治上倾向吴佩孚，引起直系军阀曹锟一派的强烈不满，众议院议长吴景濂迎合此意，污蔑他在奥国借款展期合同存在受贿行为，致使黎元洪下达逮捕令。又经司法审理，在 1923 年 1 月 11 日被无罪释放。可是，军阀集团誓不罢休，教育总长献计，又将其逮捕。

蔡元培无法忍受这种阴险的勾当，认为如此勾结军阀、蹂躏人权是不可理喻的，他深信罗文干的为人，为之抱打不平。17 日，他愤然辞职。

蔡元培在辞呈中说到此事，称之为政界"最无耻"的行为，这一段时间，他对中国政界已经彻底失去了信心，时局的艰危已迫使他不得不重新审视眼下教育大势。无奈之下，也只有全身而退，以谢众恩。

两天之后，蔡元培刊出不回校的启事，随即离开了北京。接着，他发表了著名的《不合作宣言》，表了心迹。自始至终，蔡元培都是一个偏向学问而非政治的人，而担任校长之后，就连抽空读书的时间都没了，身心为那些烦心琐事所扰。加之看到没有前景的政府，与其痛苦坚持，不如早日离开。

文中还这样写道："罗案初起，我深恶吴景濂、张伯烈的险恶，因为他们为倒阁起见，尽可用质问弹劾的手续，何以定要用不法行为，对于未曾证明有罪的人，剥夺他的自由？我且深怪黎总统的大事糊涂，受二个人的胁迫，对于未曾证明有罪的人，草草的下令逮捕，与前年受张勋压迫，下令解散国会，实在同一糊涂。我那时候觉得北京住不得了，我的要退的意思，已经很急迫了。但是那时候，这个案已交法庭，只要法庭依法办理，他们的倒阁目的已达，不再有干涉司法的举动，或者于法律保障人权的主义，经一番顿挫，可以格外昭明一点，不妨看他一看。现在法庭，果然依法办理，宣告不起诉理由了，而国务员匆匆提出再议的请求，又立刻再剥夺未曾证明有罪的人的自由，重行逮捕。而提出者又并非司法当局，而为我的职务上天天有关系的教育当局，我不管他们打官话打得怎么圆滑，我总觉得提出者的人格，是我不能再与为伍的。我所以不能再忍而立刻告退了。"

在蔡元培看来，政府已无可救药，有能之人便因此远去，此谓"不合作"，"不合作"的人多了，政府自然也就垮了。

蔡元培最终选择了"自由主义"，愤世嫉俗的他不管舆论如何，无论是胡适的撰文称许，还是陈独秀的指责，这一次，他下定决心。此后北大师生的挽留、政府的虚慰，蔡元培也仅仅是同意保留其"校长名义"，但北大的"蔡元培时代"，已然消逝。

天下无不散之筵席，北大因蔡元培而树立新风，也因他的离去而黯然神伤，无论怎样，蔡元培的改革精神永不会消退，并将继续照耀后人，引领更新的潮流。

第六章　元老生激变

1.　离开北大后

离开北大的蔡元培，在天津逗留不久，随即返往上海，最后到达绍兴。这次由北转南，蔡元培心事重重。不只是职务上的愁绪，更忧心的是自己的夫人，她离世之后，给蔡元培带来很大的创伤。

本来，蔡元培提出五项择偶条件，黄夫人样样达标，他们夫妻二人也甚是恩爱，作为蔡元培的妻子，黄仲玉在许多方面都能帮助他。

当时的蔡元培，虽表面上看正经无事，但几乎没人能理会他内心的悲凉。失妻良久的他深藏创痛，可并不耽误正常工作。两年时间，蔡元培因家庭原因不得不续娶。他又提出三个条件：一是原有相当认识；二是年龄略大；三是熟悉英文，可为助手。

与之前的五条相比，蔡元培这次的条件放宽了许多。只能说第三条算是要求吧。这时的蔡元培，看好了爱国女校学生周怒清，后来更名叫周峻。周峻具有很强的反清意识，崇尚革新，而且她为社会工作多年，依旧保持独身状态，心怀出国深造的念头。

蔡元培找人和周峻相谈亲事，周峻自然答应。1923 年 7 月 10 日，他们在苏州留园举办婚礼，蔡元培写下《题留园俪照》一诗：

> 忘年新结闺中契，劝学将为海外游。
>
> 蝶泳鹣飞常互助，相期各自有千秋。

以此纪念。

随后，蔡元培便和周峻游居海外，先后在比利时、法国、德国活动。期间，蔡元培多参加社会活动，不忘记写作、研究学术，而周峻则学习绘画。他们在事业上各有所好，而作为妻子的周峻，也时常陪同蔡元培出席各种场合，参加各种活动，为其整理演讲词，辑为《蔡孑民在欧洲演讲集》。

周峻是新时代的知识女性，积极进取，不被旧思想所束缚，这在当时来说并不容易。家务缠身、三个子女的抚养、各种社会活动的参与，这些繁杂事务却未让周峻感到力不从心。反而，她和蔡元培的生活雅趣甚多。周峻作画，蔡元培题咏。至佳节良辰，夫妻二人夫唱妇随、作诗庆祝，别有一番风味。若有短暂分开，亦是以诗代礼，互送珍重。

1926 年，教育部催蔡元培回国，此时的他已出国两年之久，遂于 2 月 3 日回到上海。

在沧州饭店，蔡元培接受采访，他谈及了政治和教育。只是，对于政治，他并不详述，只是泛泛而谈，不褒不贬，敷衍应对。而谈及教育，他便心血来潮，似乎找到时机，畅快淋漓。对当下的学界形式，蔡元培表示不满，认为此时的学界甚是浮嚣。还说，有部分学生的活动被少数人操纵，这种剥夺自由权利的行为取之不得。

很多时候，蔡元培对教育的看法都是独一无二的，这似乎早已奠定他在教育界的地位，以及他过人的眼界。

除了政治和教育，蔡元培对共产主义也有些许话语。他说："共产主义，为余素所服膺者，盖生活平等，实为最愉快、最太平之世界。然于如何达到此目的之手段，殊有研究、讨论之余地。以愚观之，克鲁泡特金所持之互助论，一方增进劳工之智识与地位；一方促进资本家之反省，双方互助，逐渐疏瀹，以使资本家渐有觉悟，以入作工之途，则社会不致发生急剧之变化，受暴烈之损失，实为最好之方法……"

关于德国，蔡元培说其失败，徒凭理想，而中国要走自己的道路，不要重蹈覆辙。一味地模仿而不顾及自身的情况，显然行不通。

蔡元培之所以这么说，也是对时务的自我看法。作为一个教育家，他也能站在国家的角度考虑国家的存亡，他将问题分析得比较深刻，这在当时是很有意义的。

这次归来，蔡元培不愿北上，不想再去管问那繁杂的政务，他觉得北京早已非他所选去处。

重申"不合作"的蔡元培再次辞职，但仍未被批准。尽管北大各方面协调，教职工也极力劝说，胡适更用不来北大就"丧失资格"警告蔡元培，可蔡元培已彻底不再想回去了，且态度十分坚决。

后来，张作霖取消北京大学，重新创办京师大学校，任命教育总长刘哲兼担任校长，蔡元培遂与北大彻底断了关系。

蔡元培的态度之所以如此坚决，也是有很多原因的。此前在北大任职之时，他就辞职过，后经人协调、劝说才勉强答应。当时就可见蔡元培辞职之心，虽说他心系北大，心系学生，但当时地位尴尬、进退两难，这让他失去了信心，不想再参与到这半官僚的校务之中。

归国后的蔡元培，多活动于浙、沪等地。他参与苏、皖、浙联合会的工作，反对东南军阀孙传芳，配合北伐军开展军事行动。随着北伐军占领杭州，他应蒋介石之邀，担任浙江政治会议主席。

1927 年 4 月 12 日，蒋介石谋划的反革命政变爆发。在国民党中央监察委员会常务会议上，国民党四大元老等人出席会议，会议主要意图是搜捕、杀害共产党人。

会上，吴稚晖污蔑共产党的罪名是"谋叛国民党"，提出要"纠察共产党人"。随后，蒋介石多次组织会议，商讨"清党"行动。因此，其所透露的价值取向，成了他与国民党当权者"撕裂"的根源。

那段时间，是蔡元培从政的高峰期，身为国民党元老人物，他在党内担任多种重要职务，在南京政府成立会上，他给胡汉民授印，可见其地位之高。不过，这段时间，也成了他一生最为"晦暗"的时间。

2. 学院变政容

此时的蔡元培，以元老的身份调解各派之间的矛盾与冲突，维护政治格局的统一。

大学院制度始于法国。蔡元培游学法国期间，了解到法国不设教育部，而是实行大学院制度。在法国，共分为 17 个学区，每个学区都有独立的国立大学，由大学校长处理区内教育工作，而全国教育行政工作则由大学院院长负责。

身在法国的蔡元培，看到他们优良的运转模式，便将其引进中国，这才有了中国的大学院。

1927 年，蔡元培凭借教育行政委员会常务委员的身份，与李石曾、吴稚晖推行大学区制度，不久，他又提出两个议案：大学区制议案和大学院制议案，由李石曾提名他担任院长。议案通过后，先是在江苏、浙江两地开设试点，若确有成效，再推向全国。

在《中华民国大学院组织法》中，对大学院的身份作了明确的规定，它负责管理全国的教育行政，由多个学术机关组成，是教育界的最高权威。

这些规定，从制度上说，让大学院不再如同过去教育部那样诸事缠绕，虽隶属政府，但自成体系，相对较为独立，对加强业务、提高工作效率大有帮助。

大学院设立的大学委员会，组成成员是国立大学校长和大学院行政处主任，此外还有一些专家学者参与其中，其为全院的立法机关。这种大学院制度，是有史以来中国教育界的一次"清理"。它把政客官僚拒之门外，而只把内行人动员起来，这对教育业务效率的提高，大有裨益。

蔡元培在《关于大学院组织之谈话》中说道：

"大学院最初组织法之起草，远在去年秋间，约在大学院成立前两三月……余与李、张、吴诸先生以教育不可无主管机关，又不愿重蹈北京教育部以官僚支配教育之覆辙，因有设立大学院之主张，其特点有三：一、学术、教育并重，以大学院为全国最高学术教育机关；二、院长制与委员制并用，以院长负行政全责，以大学委员会负议事及计划之责；三、计划与实行并进，设中央研究院，实行科学研究。设劳动大学，提倡劳动教育。设音乐院、艺术院、实行美化教育。此三点为余等主张大学院制之根本理由。"

蔡元培出任院长期间，组织举办过全国教育会，当时有专家、代表 80 余人参加了会议，前后共审议各类教育案件 400 余件。会中涉及各类教育问题，对国民政府时期各项教育法规和条例制定具有直接影响。

在这次大会上，蔡元培着重提到，教育的形式应当遵循"科学化、劳动化、艺术化"的原则，要想办好教育，只能遵从这些主张。当时建立的西湖艺术院、劳动大学等，都证明了蔡元培观点的正确性。另外，蔡元培还通令全国废止春秋旧典，倡行语体文。在教学内容上，做具体修整。

1928 年 2 月 21 日，大学院在"废止祀孔"令中说："查我国旧制，每届春秋上丁，例有祀孔之举。孔子生于周代，布衣讲学，其人格学问，自为后世所推崇，惟因尊王忠君一点，历代专制帝王资为师表，祀以太牢，用以牢笼士子，实与现代思想自由原则及本党主义，大相悖谬。若不亟废止，何足以昭示国民。"

此令一出，就遭到反对派的猛烈攻击，说大学院所发号令，同在北大发令废孔一事如出一辙，只是换了个大学院的头衔，如此"瞎折腾"，实在让国民难以称心。这次会议，在国民政府时期，对各项教育法规和条例的制定影响颇深。

蔡元培除了提出大学院设置著作员等教育主张外，还提出聘请那些在学术上有贡献的杰出者进行自由著作，每月给予他们补贴，其中包括鲁迅、李石曾、吴稚晖等人。

在学院的管理上，蔡元培向来主张能简则简、提高效率。可事情并不那么简单，由于人员过少，学院倒是添了不少烦恼，更不必说效率之事。后来，随着大学院组织法的修订，大学院做出了相应的整改措施。一是扩充职能机构，对口管理；二是增设副院长，处理日常事务。

这些措施，实际上是对以往教育部的一种倾化。很多人对现行的大学院制深感不满，提出众多反对意见。而工作上的不协调，更加重了蔡元培的压力。他曾多次为大学院制解释，说大学院的创办，是用一种新的制度来适应现在的教育，要想改良中国现行的教育体制，这种试验性的学院必不可少。

在当时，学区制的实验已卓有成效，蔡元培当时亦自信满满。然而，国民党的反对让他大跌眼镜，在教育界和党派的双重压力下，他已丧失了主动权。

1928 年，国民党五中全会确立了新的政体，包括在行政院设教育部。这样一来，大学院必将取消。而此时，蔡元培与李石曾在处理学区问题上意见不合，他的观点并未获得更多人的支持。

同年 10 月，国民政府宣布恢复教育部，随后停止了大学区制，试点地区也相继取消，至此为止，大学区制和大学院宣布结束。

这次教育改革失败的原因错综复杂，归根结底是这种制度不合国情。中国不同于法国，教育上的事不能脱离官体，想要彻底摆脱官僚的束缚，实在是异想天开。那些教育由教育家执掌之类的说法，只能嘴上说说，一旦付诸行动，就会四处碰壁。

就国民素质而言，"教育独立"很难被认同，人们习惯按章办事，过去有专门的教育行政机构，而此时想要把权力散给大学，大多数人还是不能接受。再加上管理上存在的问题不能解决，比如大学自身忙不过来，管理不够及时，抑或是管得不好等，这使得此种制度更难维持。

当时的江苏大学区，就是一个极典型的例子。

江苏省的国立大学是东南大学改组的国立第四中山大学，校址在南京，而江苏的省政府当时设在镇江。为了统筹兼顾，第四中山大学校长常奔波于镇江、南京之间。大学事务本来就颇为繁杂，还要处理全省的教育行政事务，难免顾此失彼。往往下面递来请示报告要拖很久才能得到批复。如此一来，江苏大学区的中等学校也会有烦言。

1928年6月，他们通过中央大学区中等学校教职员联合会的名义表示了抗议，反对推行大学区制。此外，由大学专家、学者兼管教育行政工作又有一层不能适应的新问题。

像蔡元培这样颇有见地的人终归占极少数，而且这极少的人也不一定愿意做。教授在学术上成就非凡，可放到教育行政上，也并非出类拔萃。从根本上说，中国向来的专制、独裁与"教育独立"的思想不相吻合，难成气候。大学区制和大学院的失败所受非难，多在于此。

有言论抨击大学院，对它是否独立于民国政府问题提出质疑。在名称上，大学院不以国民政府署名，而称自己为中华民国大学院，可大学院又收录在国民政府组织案之中，如此矛盾的行为，实在让人难以理解。

这些种种言论，大都出于民国政员之口，但国民之中的赞成者也不在少数。考虑到实际情况，大学区制的实行困难重重，如不具备"学区均有国立大学"这一条件。更何况，经费的短缺，也使这种"仿法"的措施不能落实。

在南京政府任职期间，蔡元培发表了许多偏执言论，针对青年运动，他表现出"关押"态度。

1928年夏天，蔡元培以中央监察委员的身份撰写了一系列相关文章，比如《关于青年运动的提案》《说青年运动》等。

蔡元培认为，某些"别有用心"之人甚是虚伪，表面上打着"民主"的旗号，实际上只有他们才掌管着所有学生的权利。

这种说法，足以表明蔡元培的政治倾向日趋保守。他还声称："过去之青年运动，现今不能继续。"这种立场的变化，导致蔡元培思想上的革命性消失了。他的言论也只是偏向于一方，说学生盲从，而没考虑到自身的因素。

蔡元培的变化，在当时引起了学界的注意，就他的《提案》言论，上海学联公开批评那些十分看重蔡元培的人，并对此感到惋惜。

3. 结盟保民权

民不聊生，何以谓民主？困境之中，总有一些英勇无畏者奋不顾身，肯为民族而奋斗，蔡元培便是如此。

1929年3月，"湘案"爆发，直接原因是：蒋介石和桂系的矛盾日益尖锐，桂系擅自罢免顺蒋的湖南省主席鲁涤平。

蔡元培负责查办此案，为了缓解矛盾，他竭力奔走协调，避免武力冲突的发生。可事与愿违，战争随即爆发。两月之后，随着战事的延长，粤桂战争又爆发在即，情急之下，蔡元培速电李宗仁，劝其"即释兵柄，暂避海外"，以求战争平息。

1931年，"九一八"事变爆发，蔡元培等人南下议和，于上海召开了"和平统一会议"，在困难之际"举党一致"。其实这段时间，蔡元培的活动实属南京方面，但其宗旨却与之不同。蔡元培是为谋求和平发展而努力，与蒋介石刚愎自用、独断专制不同。可见，这时候的蔡元培已经与蒋介石一众分道扬镳了。

蔡元培厌恶蒋介石的滥杀政策，对他的"诛锄异己"尤为反感。而此时，蔡元培也清醒地认识到了之前的错误。过去在"清党"期间，他曾错误地认为，共产党不是拥护民主原则的派别，这才酿成他一生极其"晦暗"的经历。而在他所期盼的各种美好局面全然毁灭时，他才明白，蒋介石等人只是拿民主做幌子，做尽了践踏民主、破坏法制的事。

随着民主党派内部斗争以及军阀战争的混乱，蔡元培深深地醒悟，所以国民党提名他做监察院长时，他坚决不受。问其原因，他解释说，当前的局势太乱，想要在这个没有民主的国家建立监察制，简直是自欺欺人，如若真去当此院长，也不可能有所作为。

周恩来曾这样评价蔡元培："从排满到抗日战争，先生之志在民族革命；从'五四'到人权同盟，先生之行在民主自由。"

蔡元培是个诚挚的民主主义者。正由于他本质的民主，反对一切"独裁专制"，故此对于"本党"的政权才深感失望。

1930年以后，国民党对全国逐步得到掌控，而他们的"法西斯统治"的庐山真面目逐渐暴露：多次"围剿"共产党；对进步思想进行文化扼杀；在党内大搞法西斯专政。在"九一八"事变之后，蒋介石坚持"攘外必先安内"、对日军采取"不抵抗"政策，致使东北三省快速沦陷，这引起了全国民众的愤怒和反抗。

与此同时，蒋介石亲任社长，镇压民主运动，大力培养特务组织。一时间，社会处于惶恐之中，民众安全均无保障。就像鲁迅所说的："时危人贼，任何人在何地皆可死。"

民族的危机，笼罩着每一个中国人。蔡元培着眼民族根本利益，不惧党派限制，于1932年12月同宋庆龄、杨杏佛、林语堂等人成立中国民权保障同盟。

该同盟是一个由各界人士组成的民间组织，宋庆龄担任临时委员会主席，蔡元培出任副主席，杨杏佛担任总干事，林语堂为宣传主任。

民权保障同盟成立当天，其《宣言》就明确表明了同盟的宗旨，意在保障人与社会的思想自由和社会自由，这种世界性的组织，在很多国家皆有建立，其领袖由一众知名人士担当。可见，他们组织的民权同盟是据此而行，而他们针对的确是国民党政府压制民主、蹂躏人权的黑暗现实。

在同盟成立之前，蔡元培和宋庆龄曾经因为许德珩被捕一事写信给蒋介石："年来国事凌夷，民气消沉，皆因民权不立，人民在家时怀朝不保暮之恐惧，对外何能鼓同仇敌忾之精神，欲求全国精诚团结，共赴困难，惟有即日由政府明令全国，保障人民集会、结社、言论、出版、信仰诸自由，严禁非法拘禁人民，检查新闻，并望即日释放在北平被非法拘禁之学校师生许德珩等，以重民权，而张公道。"

这封信显示了同盟向主政发起的正当呼吁，同时亦申诉了保障民权的现实意义。此外，信中还明确提出同盟的任务和目的："一、为国内政治犯之释放与非法的拘禁、酷刑及杀戮之废除而奋斗。本同盟愿首先致力于大多数无名与不为社会注意之狱囚；二、予国内政治犯以法律及其他之援助，并调查监狱情况，刊布关于国内压迫民权之事实，以唤起社会之公意；三、协助为结社集会自由、言论自由、出版自由诸民权努力之一切奋斗。"

同盟的成立，目的明确，揭露了国民党的恶行。此刻，他们也与国民党针锋相对。

同盟最具影响的实绩，在于营救"政治犯"方面。半年之间，经同盟营救的人士有：共产国际驻中国工作人员牛兰夫妇；北京各校教授许德珩等人；中国共产党人陈独秀；红军将领陈赓及其助手；全国总工会上海执行局罗登贤及其秘书；作家丁玲、潘梓年等。其中，大多数人因同盟的帮助而幸免于难。

在揭露国民党实行法西斯专政、剥夺人民自由民主权利方面，同盟也做了很多有意义的工作。他们曾经就刘煜生一案，表示了严正的抗议。刘煜生是《江声日报》的主编，在副刊上曾经发表过一些针砭时弊的文章，诸如《时代不是时代》《我们的希望》以及《下司须知》等，结果激怒当局，被政府通缉，拘押5月之久，未经审判，非法枪决。

1933年，同盟集会，发电抗议，认为这种行为严重侵犯人权，有违法制，此事在当时引起了巨大的舆论。蔡元培等人揭露，这与北洋军阀强杀邵飘萍、林白水如出一辙，遂要求惩办违法人员。后来，同盟又开会质问检察院为何对此案不予受理，并要求监察委员全部辞职，以谢国人。

对于同盟的做法，蒋介石政权极其恼火，千方百计地阻挠同盟活动，派特务威胁、投信恐吓及扬言暗杀同盟负责人。

作为民权保障同盟的总干事，杨杏佛就是最为不幸的一个。

1933年6月18日，国民党特务早做准备，埋伏在杨杏佛的居所附近。上午8时，杨杏佛和儿子准备乘车外出，车刚出大门准备转弯，就遭到4名特务的袭击，杨杏佛以身护子，身中数枪，后经抢救无效而死。

蔡元培不惧危险，赶到医院和同盟办公地处理诸多事务，并妥善安排杨杏佛善后之事，极力追查凶手。随后，特务们又放出风声，说在杨杏佛吊殓时，要杀害蔡元培、鲁迅等人。可蔡元培等人并未被吓倒，仍去参加吊殓。他们纷纷对幕后指使者表示出极度的愤慨，蔡元培在追悼会上说："蔡元培老矣，焉知不追随先生以去？同人等当以先生之事业为事业，先生之精神为精神……"

宋庆龄的讲话更为直接，她极力谴责这起杀人案的凶手及幕后的主谋，称他们这些人欲用这些恶俗的手段残害一个手无寸铁的志士，还想要把为了保障民权的组织扼杀在摇篮之中，此等鄙劣的行为，应被全国人民所反对。

同盟中这些领导人的言辞，充分表示了他们追求民主自由和反对国民政府统治的坚定信念，显示了他们的正义性和进步性。

杨杏佛被暗杀后，民权保障同盟很难运转，而蔡元培仍以个人之力为民权斗争：为《生活周刊》被禁而奔走；1934 年，为营救共产党人李默农而奋不顾身；同年，发电给汪精卫，极力营救被捕史学家范文澜……这些都是蔡元培对国家和民族的贡献。

至 1940 年蔡元培逝世后，共产党各类悼词、文章对其都予以高度评价。《新中华报》在《追悼蔡孑民先生》中对蔡元培给予了高度的评价，其中提到了他对中国民权保障同盟的贡献，也称其在促成国共合作上也付出很大努力，这些均表明，在他心中，国家、民主始终是最重要的，对于专制的统治，他也自始至终持反对意见。

邓小平在致宋庆龄的悼词中也说，蔡元培等人所创的民权组织具有重要的历史意义，不仅避免了更多的爱国民主志士的牺牲，还同那些反动派坚决抗争，从而间接挽救了共产党。

说宋庆龄如此，其实蔡元培也是如此。蔡元培是国民党元老，而能和广大群众站在一边，反对独裁统治，实在难得。蔡元培的伟绩将永载史册，为后世之人世代传颂。

晚年的蔡元培，心境似乎有些悲凉，平生追求甚多，而很多不能实现，国家、民族似乎一日不如一日。

1934 年，辛亥革命第 23 周年纪念日，蔡元培在青岛流露出了这份感慨：

> "因为辛亥革命，建立民国，本图实行三民主义，以造福于人民。乃 23 年来，人民生计，未能多大改良，不特水旱偏灾，频年不免；而工业不兴，外货倾销，农村有破产之虑，都市多失业之辈，是民生主义尚未能实现也。民权实行，以一省中各县能自治、一国中各省大多数能自治为条件；而今日，不特各省、即各县中，能达到孙先生所举自治标准者，殆尚无一也，是民权主义亦未能实现也。至于民族主义，则不但次殖民地之资格未能提高，而'九一八'以来，连失东北四省，至今不敢言恢复。孙先生民族主义演讲中所谓恢复固有之知能、赶上欧洲之科学者，亦尚未能实现。"

蔡元培的一生，相对教育、文化、科学而言，于政治方面还是所及不多的。他称自己："性近于学术而不宜于政治。"

不是没有机会，而是本身性格使然。蔡元培早年曾与汪精卫有颇多交情，汪精卫在任行政院长之时，曾劝他常驻南京，在行政方面加以指导，被他婉言相拒。

1937 年，汪精卫又试探蔡元培能否相助，致函邀请，蔡元培并没有答应，对于不去的原因，他道明了自己关于学术和政治的倾向，认为政治不是他的兴趣所在，之前参与的一些政治活动都是迫不得已，倘若不必参加，则一定坚决不去。而文化事业，是他一向热衷的，也与自己的性格更为相称。

蔡元培是学界中人，而非政界中人，虽说在国民党中地位至高，可他主要的精力还是投入在教育、文化之中，是世人公认的学界泰斗。

4. 循愿创中研

蔡元培老来之时，决心不再参与政治。他曾说："愿以余生，专研学术。"他践行孙中山的遗愿，在1928年筹建创办了中央研究院，并出任院长。中央研究院是中国有史以来最高学术研究机关，最初隶属大学院，4月10日，国民党将其独立出来，改为国立中央研究院。

用大半生时间从事教育的蔡元培，此时却又投身科研事业，难道这是一种偶然？答案自然是否定的。

在欧洲，蔡元培领略的不仅仅是欧洲的文化，留学期间，他在学习先进文化的同时也明白了它们是怎样诞生的？他的答案是：在科技发展的前提下，近代文明才得以产生。他认定：现代文化，基于科学。

蔡元培在《中国教育的发展》一文中对中国教育痛心疾首，称国内的教育十分落后，没有科学的方法，没有完备的系统，从古至今都是如此。单是靠品质来教育学生，这远远不足称之为教育，此仅是交给他们必备的文学素养罢了。参考蔡元培当年的科学背景，他的反思极为正确。

放眼世界，蔡元培对中国科技的发展充满忧虑。要说中国没有真正的科学，也不全然。中国古代的发明创造不乏其数，出现过伟大的四大发明，只是，墨子萌发的科学精神也无法形成强劲的科学文化传统，在儒家文化居于至尊地位的中国，这些能称得上的是科学的东西，也就只能逐渐销声匿迹了。

清代中期，朴学大师们也曾表现出了严谨的科学态度，但这少的可怜的科学成分，同国计民生相差太远，在实际社会生活中很难形成气候。

远观中国近代历程，蔡元培作出总结，近代中国的半个多世纪的教育史，多是仿效欧洲的教育制度，其重要性不言自明。从专门技术到普通教育，最后教育之中开始发现了"科学"的重要性。他还强调："欲救我国之沦胥，必以提倡科学为关键。欲救我国于萎靡不振中，惟有力倡科学化。"可见，科学在蔡元培心中的地位是极重要的。

蔡元培始终认为，中国科技的落后不是国人的智慧不足，只是国人只会空谈，不去实践的原因。在当时，蔡元培是有此认识的人之一，可像他那样为提高国人科学素养而努力者，便凤毛麟角了。

无论是民国时期在教育部任职，还是后来担任北大校长，蔡元培对科学教育都是极其重视的，对诸如中华学艺社、科学社等团体也给予过很大的帮助。在大学院，蔡元培更是明确地把"科学化"当作教育宗旨之首，大力主张"实行科学的研究与普及科学的方法"。

这位多年来致力于中西文化融合的学界泰斗，曾警示国人，西方国家把科学作为万事之基，不仅仅是停留在学术、教育之中，亦体现在艺术、生活之中，万事万物无不以科学为重，又无不随之发展。故此，中国要发展新文化事业，就应十分注重科学的发展。

显而易见，蔡元培晚年供职研究院，与他的理想、追求有莫大关系。

科学化的思想，或许是蔡元培筹建中央研究院的根本原因。无论是在教育部，还是在北京大学、大学院，他始终坚持着科学化的精神。

在教育部的"唯才是举"；北大的"兼容并包，思想自由"；在大学院甚至明确提出"科学化"的教育宗旨……蔡元培的种种行为，似乎都渗透着"科学"二字。这样一位晚年志士，对于建立中央研究院势在必行。

国立中央研究所的职责是：实行科学研究，并指导、联络、奖励全国研究事业。它的组织分为三部：行政、研究、评议，其中研究是其重点。至1930年，研究院先后成立1所自然历史博物馆和9个研究所，其中有工程、地质、天文、物理、化学、气象、历史、语言等研究所。

在这些研究所中，物理研究所所长由丁西林担任，骨干成员有胡刚复、杨肇燫、严济慈等人；化学研究所所长由王琎担任，研究员有赵橘黄、曾义、沈慈辉等人；地质研究所所长由李四光担任，研究员包括徐渊摩、叶良辅、翁文灏等人；工程研究所所长由周仁担任，研究员有王季同、周行健等人。这4个研究所，均设在上海霞飞路。

气象研究所所长由竺可桢担任，研究员有胡焕庸等人；历史语言研究所所长由傅斯年担任，其所属考古组主任李济，语言组主任赵元任，历史组主任陈寅恪；天文研究所所长由高鲁担任，研究员有高平子、余青松、陈遵妫等人。

天文研究所和气象研究所都设在南京鼓楼内，历史语言研究所早先设在广州，1929 年春迁到北京北海养心斋。

心理学研究所所长由唐钺担任，研究员有陆伟志等人，地址设在北京东城新路；社会科学研究所所长由杨端六担任，所属的法制组主任王云五，特约研究员周鲠生、胡长清、王世杰等人，社会组主任陈翰笙，研究员有陶孟和、王际昌等人，民族组主任蔡元培，研究员凌纯声、但采儿等人，经济组主任杨杏佛，研究员吴定良、刘大钧等人，地址设在上海福开森路。

中央研究院总办事处设在南京，全院行政事务由总干事负责。

蔡元培出任院长期间，成为干事的成员有杨杏佛、丁文江、朱家骅、丁燮林、傅斯年以及任鸿隽等人，其中成绩最为突出的是杨杏佛和丁文江。

早年留学欧美的杨杏佛，先后攻读于康奈尔大学和哈佛大学，曾与任鸿隽发起并成立中国科学社。大学院成立之后，他担任教育行政处处长，不久后担任副院长，是蔡元培的得力助手。

杨杏佛生性精悍机警，而蔡元培却比较宽厚迂缓，二人的性格正好相互补充，两人的这种合作关系从大学院一直维系到研究院。

中央研究院初创时，百事待举，杨杏佛协助蔡元培筹划落实，充分发挥他多才多艺、处事干练的才能。可悲的是，杨杏佛集刚烈之气于一身，最终被特务暗杀，英年早逝，顿失股肱的蔡元培，继而聘请丁文江担任总干事。

丁文江早年留学日本和英国，是中国近代地质学的开拓者之一，其人不仅精通地质学，对生物学、人类学和军事历史等多方面都颇为熟悉，同时亦有很强的管理能力和决策能力。

丁文江在蔡元培的支持下，在研究院组织评议会，并成立基金保管委员会，指定研究所预算标准，为该院做了很多必要的基础工作，特别是评议会的组建。

自中央研究院创立开始，评议会就迟迟不能建成，拖延了七八年之久。丁文江到院后，广泛协调，拟定条例，不久便组成了代表各类研究机构和高等学校的评议会。这样一来，不仅扩展了研究院的工作范围，还为学术交流合作提供了便利，增强了研究院的权威性。

在此期间，丁文江还依据研究院的实情，提议把研究工作分三类：一类属于常规或永久性质的研究，如天文、地质、气象等；二类利用科学方法研究本国的原料及生产，以解决各类实业问题；三类纯粹科学研究及文化有关的历史、人种、语言、考古学等。这种分类在中研院具有广泛的适用性，让科研工作更加准确起来，在管理方面也方便了许多。

丁文江主持的各项工作，深得蔡元培的赏识，并给予其高度评价，称其"为本院定百年大计"。

成大业者，离不开左膀右臂的支持，蔡元培凭借高尚的人品，聚集了一批能人才俊，助其实现夙愿，并推动中国教育的改革、发展。

5. 难中治中研

精英荟萃、群龙聚首的中央研究院，管理各类人才似乎又成了一大难题。

在《追念蔡孑民先生》中，翁文灏这样写道：

"蔡先生主持中央研究院的主要办法，是挑选纯正有为的学者做各研究所的所长，用有科学知识并有领导能力的人做总干事，延聘学科人才，推进研究工作。他自身则因德望素孚，人心悦服，天然成为全院的中心。不过他只总持大体不务琐屑干涉，所以总干事、各所长以及干部人员，均能行其应有职权，发挥所长。对于学术研究，蔡先生更充分尊重各学者的意见，使其自行发扬，以寻求真理。因此种种，所以中央研究院虽然经费并不甚多，却能于短时期，得到若干引起世界学者注目的成绩。"

蔡元培在中研院的领导工作，与他在北京大学时的治校政策有些类似，在用人方面，他奉行唯才是举和思想自由的原则，到了中研院依旧如此。此可见其的思想、方针是长久性的，从长远考虑的，是具有广泛的适用性的，这对北大和中研院都有着良好的促进作用。

蔡元培力图建设全国最高学术研究机构，尽力网罗一流科学人才，对那些学术造诣深、能胜任工作的学者，都给予一定的尊重。他还奉行人才主义和学术自由，兼顾理论性、应用性科研的办院方针，切实对研究院的研究员负责，做到"人专于事"，充分发挥每个人的特长，让研究院"繁荣"起来。

蔡元培在倡导科学研究精神的同时，还实行西方通行的"学院的自由"，即保证重点研究项目的同时，充分考虑研究者在合理范围内凭自己的兴趣和见解选择、决定研究方向、研究项目，而不受别人的限制。

蔡元培说："学院自由，正是学术进步之基础。"在进行专业性科学研究时，人们往往会在处理应用性研究和理论性研究问题上产生偏差。

蔡元培主持制订的《中央研究院进行工作大纲》指出："纯粹科学研究之结果，因多为应用科学之基础，而应用科学之致力亦每为纯粹科学提示问题，兼供给工具之方便。故此，二事必兼顾然后兼得，若偏废或竟成遍废。"

然而，事情也不是想象的那么简单，蔡元培的《中央研究院进行工作大纲》给中国系统学术研究确立了指导性原则，但在那个年代，想要进行一项有规模的科研工作，实属不易。基础的薄弱、观念的落后、社会的阻力、经费的匮乏，种种因素都让蔡元培焦思苦虑，举步维艰。

1929 年 7 月时，中央研究院正式成立一周年，据记载：中央研究院并未领取建筑费和设备费。各个研究所和图书馆、博物馆、筹备处，均于每个月经常费用中提出很大部分，来满足设备的需要。

在创立之初这段时间，一切都还未成熟，这个全国最高学术研究机关，只能就现有的经费截长补短，逐渐布置而已。当时，经费问题也是因国内局势的紧迫原因所致，连年的内战，致使耗资巨大，经费无源发放。虽然政府规定每月定期拨款，但能做到按时拨款的情况基本没有。

1930 年 10 月，蔡元培在院务报告中对经费问题有些许的抱怨，政府发放的钱款，勉强支撑研究所所需十之一二，可隶属研究院的处所众多，即使尽力节俭，也难以维持下去，生存问题都尚待解决，未来前景就更无从谈起了。

面对种种困难，蔡元培愈加为中国科学事业努力。他"非求速成，而常精进"，执意在科学界做出一番业绩。短短数十年，研究院各学科均在科研上取得了不错的成就。例如，南京紫金山天文台的建立、全国地层结构和物资源的调查等，都具有重大意义。

自 19 世纪末以来到研究院的建立，中国终于结束了译述西方科研成果的时代。比起具体的科研成果，更为重要的是，中国科研体系已初具根基，一大批科技人才被组织起来，这才造就了这个潜力巨大的科技团体。

千百年来不能于科学上自立的中国，终于在一个恶劣的环境下找到了自立场所。而新文化运动，又是一个伟大的突破。

晚年的蔡元培，在主持中央研究院的同时，还兼任了与学术文化相关的诸多职务。1929 年初，蔡元培任职中华教育文化基金董事会董事长，主持管理、支用美国退还的庚子赔款。他把这笔资金运用到教育、科学中去，一心扶持教育文化事业以及科学研究事业，资助了许多志向于科技的学子。此外，他还兼任中国国语教育促进会会长、故宫博物院理事长以及北平图书馆馆长等职务，此足以显示其在中国学术界的受崇程度。

1935 年秋，胡适、蒋梦麟、罗家伦、赵太侔、王星拱、丁燮林等人，提出赠予蔡元培一处住所作为寿礼。这一举动得到多人的响应。

蒋梦麟、胡适等人联名致函蔡元培，告其赠他房屋一事。劳顿一生的蔡元培，为国家、为教育付出了太多的心血，此时竟然连一处可住之所都难觅，仍旧租房居住，书籍都无处可存，实在让人心寒。故此，众多好友商定联合赠送他一处房屋，作为礼物。

其实，众人赠予蔡元培房屋一事，并无其他用意，只是希望他能有个颐养天年之处。对于蔡元培这种不为功利之人，赠他这所房屋，也算是大家心中为他建立了一座公共纪念坊了。

蔡元培晚年连一处可住之处都没有，却从未因个人而抛弃祖国，始终怀着教育救国的理想，这种高尚的品质感动了每一个人。

次年元旦，蔡元培恳切回信道：

> "诸君子的用意，在对于一个尽忠于国家和文化而不及其私的公民作一种纪念。抽象的讲起来，这种对于公而忘私的奖励，在元培也是极端赞成的。但现在竟以这种奖励加诸元培了，在元培能居之不疑么？但使元培以未能自信的缘故，而决然谢绝，使诸君子善善从长的美意，无所借以表现；不但难逃矫情的责备，而且于赞成奖励之本意，也不免有点冲突。元培现愿为商君时代的徙木者，为燕昭王时代的骏骨，谨拜领诸君子的厚赐，誓以余年益尽力于国家对文化的义务，并勉励子孙，永永铭感，且勉为公而忘私的人物，以报答诸君子的厚意。"

面对众人的寿礼，蔡元培仍旧如此谦恭。虽说送屋计划因战事而流产，但在人们心中，蔡元培的"纪念坊"早已建成，世人将会铭记这位大师一生的汗马功劳。

无论研究院受到过怎样的制约，它的成立无疑是一桩可喜之事，是中国"五四"以来的一件大事，在中国学术的发展史上具有转折性质的意义，它对知识价值的更新作用是难以估量的。

如果说改革北大，蔡元培开创了思想自由、学术至上的良好风气，那么，他在中央研究院的工作，则为学术科学化的发展铺通了道路。

第七章　学界之泰斗

1.　潜研红楼梦

蔡元培留法期间，受商务印书馆之邀整理过往研究《红楼梦》的文章，合为《石头记索隐》一书，随后就陆续面世。这部《石头记索隐》，是研"红"史上的里程碑之作，书出之后，学术界掀起了一场争论，蔡元培也因此被称作"旧红学家索隐派"。

事实上，蔡元培对《红楼梦》的兴趣深受陈康祺的影响。陈康祺的《郎潜纪闻二笔》有观点认为，《石头记》中的十二金钗均是清初忠臣明珠食客，其中薛宝钗影射高澹人、妙玉影射姜西溟。蔡元培故推求其果，遂开始作《红楼梦》疏证。

早在 1898 年，日记中就记载："前曾刺康熙朝士轶事，疏证《石头记》，十得四、五，近又有所闻，杂志左方，以资印证。如"林黛玉（朱竹垞）、薛宝钗（高澹人）……宝玉（纳兰容若）、刘姥姥（安三）。"

当时蔡元培正在翰林院供职，随后，他又阅读《乘光舍笔记》等书，赞同书中的说法，认为"鄙见相合"。《红楼梦》对蔡元培有着深深的吸引力，10多年的时间，他陆续考证相关故事10余则，可他却感到工作并不完备，就置之高阁了。

1914年，蔡元培重新修改《石头记索隐》，完稿后，商务印书馆建议趁早写好结束语，尽快发表。蔡元培是想在刊载之后，稍加调整，以便出版。

同年秋，他被任命为北大校长，又立即回国。此时，王梦阮的《红楼梦索隐》即将发行，故交张元济担心蔡元培的研究成果，催促他，类似书籍也将出版，《石头记索隐》若再不出版发行，就难有销路了。蔡元培这才将《石头记索隐》交给商务印书馆，于1917年9月出版单行本。

《红楼梦》作为中国四大名著之一，自从问世以来，受到众多文人的喜爱。这部文学巨作值得人们去审查、去研究。光绪年间，"红学"盛行，几乎能与"经学"相提并论。《红楼梦》的研究者也是仁者见仁，智者见智。

民国以后，研"红"势头只增不减，一些专著相继问世，学术界似乎正希望能在众多研究中有所突破。蔡元培是学界名人，也亲身加入研"红"行列，引来不少学者的关注。他的《石头记索隐》，从第一版一直发行到第十版，在当时影响力之大，可想而知。

蔡元培对《红楼梦》的疏证处理工作历经十多年的时间。当时，民族激情高涨，排"满"之声四起。这种时代气氛，令蔡元培心潮澎湃，他在《石头记索隐》的开篇写道："《石头记》者，清康熙朝政治小说也。作者持民族主义甚挚。书中本事，在吊明之亡，揭清之失。而尤于民族名士仕清者，寓痛惜之意。当时既虑触文网，又欲别开生面，特于本事以上，加以数层障幕，使读者有横看成岭侧成峰之状况。"

可见，蔡元培的基本动机，是宣扬民族主义思想。

蔡元培对《红楼梦》的作者也有叙述："于汉人之服从清室，而安福尊荣者，如洪承畴、范文程之类……"他还指出："书中红字多影朱字，朱者，明也，汉也。贾宝玉有爱红之癖，言以满人而爱汉族文化也……"蔡元培甚至断定，贾府即"伪朝"，乃指斥清廷的意思。

蔡元培所考疏证，大都显示其民族、政治意念，同其他闲人学者相比大有不同，称他们是"戏笔"之谈。

蔡元培考证《石头记》的具体成果是：贾宝玉，具有传国玉玺的意义，是康熙时的废太子；林黛玉，影朱竹垞，即朱彝尊；薛宝钗，影高江村，即高士奇；探春，影徐乾学；王熙凤，影徐国柱；史湘云，影陈其年；妙玉，影姜西溟；惜春，影严荪友；宝琴，影冒辟疆；刘姥姥，影汤潜庵。

《石头记》为政治小说，不是牵强附会。蔡元培在《石头记索隐》最后写道："触类旁通，以意逆志，一切怡红快绿之文，春恨秋悲之迹，皆作二百年前之因话录，旧闻记读可也。"

从本质上看，《红楼梦》是一本政治小说，深刻揭露了康熙王朝的凄惨真相，并覆在这香草美人之上。只要不去观作者的"障幕"，是可当作历史书籍来读的。

蔡元培向来严谨，《石头记索隐》也不例外。他旁征博引，努力搜寻证据，力求完备。毋庸置疑，《石头记索隐》是他的得意之作。

有关《红楼梦》的相关资料，并非只有蔡元培这一本，诸如王梦阮、沈瓶庵的《红楼梦索隐》以及邓狂言的《红楼梦释真》等，他们集中精力研究"隐去真事"的部分内容，故此被称为

"索隐派"。

明末清初，人们关于《红楼梦》的论断比比皆是。蔡元培的《石头记索隐》篇幅虽小，但征引资料却很丰富，其很多细节可圈可点。更为重要的是，蔡元培在人物疏证时，并非无原则所循，而是自有"规范"：小说中影射的人物，用三种方法推求：一、品性相类似者；二、逸事有征者；三、姓名相关者。

蔡元培有所例证："以湘云之豪放而推为其年，以惜春之冷僻而推为荪友，是用第一法；以宝玉曾遭魔魇而推为允礽，以凤姐哭向金陵推为国柱，是用第二法；以探春之名，与探花有关，而推为健庵，以宝琴之名，以学琴于师襄之故事相关，而推为辟疆，是用第三法。"

与同类著作相比，《石头记索隐》并非高明甚多，因为《红楼梦》深奥难测，学者们也是各抒己见。可值得一提的是蔡元培那严谨的治学方法。蔡元培每出一证，必前后仔细考量，细细推敲，凡有一丝疑虑，就不做出决断。

在蔡元培之后，胡适发表了《红楼梦考证》一书。该书系统考证了曹雪芹作者的本身，得出该书是曹雪芹"将真事隐去"的自传的结论，并对过往红学研究予以尖锐批评，说是走错了方向，只去搜集了不相干的资料，而不去关注作者、家世、时代、版本等问题。胡适称他们，只作了《红楼梦》的附会，而不是真正的考证。

胡适在红学方面的研究也颇有成果，新红学派由此诞生，他的红学观点令不少学者折服。当然，胡适对旧红学派的批评并无错误，可语言却显得刻薄。同时，他自身的考证也并非完美，包含了许多弱点，如夸大作者的意义，而其认定《红楼梦》是自传这一观点的论据也并不充足。

为此，蔡元培难以接受胡适观点，他在《石头记索隐》第六版中标明"对于胡适之先生《红楼梦考证》之商榷"，说明自己疏证的原因和方法，自信地表示，"自以为审慎之至，与随意附会者不同"，表示胡适的观点不能征服他。

文章中，蔡元培与之进行商榷，他认为胡适考证到曹雪芹的生平、家世，是红学研究的一大突破。可在众人看来，作者的生平和书的关系不大，对书中内容的考证才更显重要。

蔡元培对中外文学素有研究，常向胡适举证，证实考证情节难以一概被视为附会，他说："胡先生所谥为笨谜者，正是中国文人习惯，在彼辈方以为必如是而后值得猜也。"

蔡元培在反驳胡适观点时，语言慎重，切中要害。他言，胡适考察曹雪芹的生平大端，认为《石头记》是其自传。而在《红楼梦》中，曹雪芹也化身其中，那便是"甄贾"宝玉底本，可案书中却说《红楼梦》中所述并非真事。作者将自身化作书中主人公，为何又有两个宝玉呢？这令人十分费解。

蔡元培一直认为《石头记》原本是政治小说，记录的是康熙年间的事，多人并作而成，后又经曹雪芹删改，添加了曹家故事。

对此，胡适并不赞同。他在日记中有相关记录，称蔡元培的《石头记》观点并不能征服他，希望能和蔡元培正式讨论一番。日记还记录了俞平伯和顾颉刚对蔡元培文章的批评，提出众多疑问：《红楼梦》的情节本应和谐统一，而蔡元培将它解释得如此散乱，这应作何解释？蔡元培只是用书中所影射的人物加以考证，却全然不考虑《红楼梦》自传的观点，这又是何原因？胡适的观点蔡元培并不认同，但托尔斯泰的话，他却不反对，这也叫人难以理解。

对于胡、蔡的争论，顾颉刚也参与其中。他深入剖析了蔡元培的观点，说其有两处根本错误：一、别种小说只是更换姓名，性别、职业不变，为何到《红楼梦》这里就变了？二、别的小说的影射情形，总是保留原来的关系，可《红楼梦》就从无关到有关？他提出这些疑问，并具体举例阐释。

这些问题，蔡元培无论如何不可解答。顾颉刚还提到，蔡元培受旧学影响太深，他的见解代表新型知识分子的基本评价。

是年 5 月，胡适发表名为《跋红楼梦考证》的文章，其中含"答蔡孑民先生的商榷"，指出蔡元培所用方法过于守旧，只适用《儒林外史》《孽海花》等著作中，对于大多小说并不适用。他还用顾颉刚所提的两个问题反驳蔡元培，突出强调作者生平考证的意义。

蔡元培、胡适的争论轰动一时，被一些人称作"一场震撼全国的论战"。这场论战，确实反映了新旧红学派的对立，它的分歧，更是突显两代学者的学术背景的不同。

蔡、胡之争并无结果，两人仍各执己见。直到 30 年代，相关著作还时有出现。"索隐派"主要继承的是蔡元培的观点，甚至 20 年后仍有人认为《红楼梦》是"反清吊明"之书。不过，胡适开辟的《红楼梦》路径，在"五四"之后成为红学的主导。

纵观"五四"前后，新旧红学派的更替，也是新旧时代文化冲突的开始。在很多人看来，蔡元培所代表的旧学派是他那个时代学术研究和水准的缩影，而其治学显得幼稚、守旧。江山代有才人出，胡适的批评，是突显后人的进取精神、更新意识。蔡元培能扶持胡适这代人从事新文化建设，也足见其本人文化性格之复杂。

新旧的冲突，不足为怪。问题在于，蔡元培在吸收西方学术精神之后，并未化解得得心应手，加之受到旧学影响，这种混合的知识体系导致了他复杂的文化性格，这在明末清初很具代表性。

不过，不论新旧交替，不论《索隐》的成败，蔡元培在研究学术上所体现出的精神，在学术史上具有着重大意义。

2. 草创伦理史

在伦理思想史中，每一个时代都有各自的经济、政治、文化的变迁发展，而人们对道德现象的认知也是逐步深入的，道德作为伦理学的研究目标，在每个时期都会诞生出一批不同的思想家，由此便会产生不同的理解。中国几千年的历史，在清末受到欧美思想文化的入侵，开始变得失衡。故此，文化界、教育界需要重新构建新的体系。

最早由此觉悟的人，当属张元济和蔡元培。

1899 年时，改良变法失败后的张元济，在一次会谈中和日本学者内藤谈道：兴办学堂是培养人才的起点，在伦理道德方面，也要从知识分子入手，关心学校里的学生。

此后，张元济投身商务印书馆，把工作重点放在教科书方面，他十分重视新式教科书的编写和出版，希望用书本上的知识改变青年。

与此同时，与之志同道合的蔡元培，也极其关心中国伦理道德的发展。在商务印书馆，他也积极投身到教科书的编写中。他的《文变》一书，便体现了他将西方思想和中国伦理道德相结合的主张。

显然，这些便是蔡元培涉足近代伦理学的诱发因素了。

在《伦理学原理》一书发行前，蔡元培编写了一套教科书，名为《中学修身教科书》，共计5册。在前往德国之前，教材尚未编纂完毕，到达德国后他继续编写，最终完结。

这套教科书，汲取了中国古圣贤道德之道，也涉及了东西方伦理学者的思想精华，以兼容并包来适应当代社会。全书共分两篇，上篇主要阐释实践伦理，下篇主要介绍西方的伦理观。从内容上看，本书成于清末的修身课本，贯彻儒家伦理的传统，在教人处世、修身齐家方面，提供了古人所坚守的君子仪范。而在论及个人和国家关系时，却引用了西方国家观念，书中强调个人对于国家，既要尽其义务，也享有各项权利。

不仅如此，书中还谈及"博爱"：博爱者，人生最贵之道德。人之所以能为人者以此。博爱者，人生至高之道德。书中不是单调论述，在表达上旁征博引，证明详细，这更能让国人理解。

书中新颖之处很多，比如，书中开篇揭露了道德、修己和体育的关系，体育是修己之本，修己是道德之本，并举例证明此话。

在这部教科书诞生之后，《伦理学原理》一书问世。这是一部极具影响力的译著，内容详尽地介绍了西方的近代伦理学。该书的作者名叫弗里德里希·泡尔生，是德国著名的哲学家、伦理学家、教育家。他的一生都贡献给了教育和著述，其《伦理学体系》一书扬名海内外。本书分为四编，第一编，讲述人生观和道德哲学的历史纲要；第二编，讲述伦理学体系的概念和原则；第三编，讲述德行与义务论；第四编，阐明了国家和社会理论纲要。

《伦理学体系》问世不久后，就被美国、日本相继翻译，蔡元培留德期间，把其中的序论和第二编译成中文，即成《伦理学原理》一书。

《伦理学原理》，系统介绍了西方近代伦理学的概念和原理，比如善与恶、目的论和形式论、快乐主义和自我实现、灾难与神佑、义务与良心、利己主义和利他主义、道德与宗教等，选材丰富、分析具体，是国人了解西方伦理观的必选书籍。

除了《伦理学原理》这本书，蔡元培还译著了《东西洋伦理学史》。这部书，出自日本作家本村鹰太郎。蔡元培在研读之后，发现其中在提及中国伦理史时有诸多不准确或错误的说法，这让他有所焦虑，堂堂大国，岂能没有一部伦理学史？

应奉时代的要求，蔡元培决心自行撰写，不想因中国无伦理史而遗憾。

其实，中国的伦理观早在《尚书》中就有记载，之后，儒家学派占据主流，每朝每代，伦理观念均深入人心，学者各抒己见。两千年以来，伦理道德观念从未间断，文字材料可谓是汗牛充栋，俯拾皆是。可一套完备的伦理史，却还未有人著成。

中国的伦理，主要含在哲学、政治之中，并未独立分科，在近代的西方，他们早已把伦理独立分出。受此影响的蔡元培，首先要树立本国的伦理思想，之后再开发尝试。在外国伦理涌入国内的形式下，蔡元培不忘中国固有的文化道德，把整理民族伦理遗产作为当务之急。

在蔡元培看来，异国观念的涌入，可能与中国伦理道德观念有所冲突。而他的工作重心放在调理上，也就是说，通过整理中国传统的伦理观来证明其与外国价值观念的相通性，从而使中外伦理观念相互融合，继而再斟酌取舍，构成新时代的道德体系——这便是蔡元培编写《中国伦理学史》的深层动机。

《中国伦理学史》一书，共计十多万字，从唐虞三代伦理萌芽写起，一直写到清季中期戴震等学者渐脱宋理之羁绊，是殆为自由思想之先声。

在讲到先秦诸子百家时，蔡元培对儒家的伦理观是基本肯定的，对儒家的实践伦理更是由衷地赞赏。不过他又讲到，儒家学说，在哲学方面，跟道家相比略逊一筹；在法理方面，又不如法家；众生平等的观念，又不如墨家。儒家言论，历经多年变化发展，所以持有折中的态度。

蔡元培对儒家折中性的肯定，在他的《中华民族与中庸之道》中更能体现，文中说，自古至今，儒家学派的中庸之道并无使国家灭亡的案例，贯穿中华民族自始至终。儒家不像法、道两家，实属极左、极右两派，均曾让国家沦亡。此足以见得儒家折中性的重大意义。

正是因为儒家学说的普遍性、适应性，以及其突出的理学特征是众人接受的思想观念，所以才成为伦理界的不灭之宗。蔡元培文中的现实含义暂且不谈，就其史学方面，他对儒家折中性的肯定前后一致，具有思想根基。

对于先秦诸子，蔡元培始终站在客观的立场，实行褒贬评价。他认为，孔子是儒家的集大成者，即便如此，他的思想也需分析鉴定。而对于老子和道家，蔡元培评价不高，称其学说偏激，与进化理论相违背。老子长于处世，对权谋之道颇有研究，故而后世法术家将其奉为先贤。

对于墨子，蔡元培的评价是充分肯定的，他将其称为科学家、实利家，而其弊端在于，不知美术有陶养性情的作用，非乐的观念。

法家的开启人管仲，先是揭露道德和生计的关系，对伦理学有很大的价值。法家集大成者韩非，用法律统摄道德，不留余地。因此蔡元培评价他说：虽有可取，然其根本主义，则不容于伦理界者也。

对于先秦各家伦理的总结，蔡元培有自己的感悟："老子苦礼法之拘，而言大道，创立动机论，而其所持柔弱胜刚强之见，则犹未能脱功利论之范围也。商君韩非子承管子之说，而立纯粹之功利论，庄子承老子之说，而立纯粹之动机论，是为周代伦理学界之大革命。"蔡元培对他们的观念，可以说是各有褒贬。

在汉代，《中国伦理学史》对其伦理的发展脉络详尽描述。蔡元培特别对当时的代表人物，如程氏兄弟、陆九渊、朱熹进行比较，论其性情、理气等。比如宋朝的朱熹，很像春秋的孔子，都是阐述道德义理的集大成者。蔡元培认为，朱熹是中国思想主流的继承者，与大多数人习惯投合，试用于权势者，因此盛行于明代以后。

清季以来，戴震、黄宗羲两人的思想独具特色，影响深远。他们著有《明夷待访录》《原善》《孟子字义疏证》等书，对于黄宗羲，蔡元培称其为唐代以后正确阐发君臣大义的第一人，至于戴震，其能看透宋学缺憾，又能通过伦理阐述来证明。

清朝中期的俞正燮，著有《癸巳类稿》，书中体现了他饱读经史、"足迹半天下"的阅历，对社会具有深刻的认识。他的治学态度不再是纯粹的"汉学家"，而是带有"经世致用"的色彩。在他的《癸巳类稿》中，有关妇女的问题，其考证和议论引人注意，其中提倡男女平等的观念，显然与封建伦理相左，被视为"发千载之覆"。

蔡元培对俞氏的评价，固然是十分欣赏的，为此，他做了可贵的思想资料的挖掘，对其思想予以肯定。

《中国伦理学史》是开发性著作，是以西方近代伦理学为主导的，对中国两千年的史料进行了整理论述。在很长一段时间内，这部著作都是中国伦理方面的唯一成果。

本是以日本学者著作为蓝本，但蔡元培"青出于蓝而胜于蓝"，所著作品独具特色。在成作之后，日本学者又纷纷译成日文，在日本发行。

自古至今，自西方到东方，伦理史的编写都具有极其重大的意义。现在看来，《中国伦理学史》并没有尽详尽细地论述伦理学的发展脉络，但它为以后的研究开辟了道路——这是蔡元培杰出的贡献之一。

3. 醉心研哲学

蔡元培一生，喜好三种学问：哲学、美学和美育。前者涵盖后两者，可见其也是蔡元培学术之根基。蔡元培所发表的文字中，当属哲学内容最多，多为译述。伦理学，主要集中在蔡元培民国之前所作，而哲学却占据了他的中晚年。即便他后来对美学极感兴趣，也不曾中断对哲学的研究，老年的蔡元培还曾撰写过《怎样研究哲学》的文章。

蔡元培早年就涉及中国旧学经典，这也是他接触哲学的开始，从而一发不可收拾。到了中年后，西方哲学深深影响着他，他对哲学，可以说更是如饥似渴了，尤其是西方哲学，他早已仰慕已久，期望有一天能徜徉其中。

正是蔡元培的这种追本溯源，才推动了他的留德梦的实现。他翻译的第一本书，是科培尔的《哲学要领》。当时，他正因"《苏报》"案而避难。那么，他为何翻译此书？

蔡元培在书中谈道："初学者不得正宗之说以导之，将言惟物而诋纯正哲学之蹈空、言惟心而嗤物质文明之为幻，言有神而遂局古代宗教之范围，言无神而又以一切宗教为仇敌。门径既误，成见自封，知之进步，于焉窒矣。"不同流派的哲学观各有不同，若不能正确阐释，学者容易误入迷津。新旧过渡时期的哲学，更是如此。

故此，蔡元培借鉴了哲学家科培尔的授课笔记，在他看来，科培尔的言论都是基于那些哲学大家康德、黑格尔、哈尔妥门的思想，并非唯物、唯心两派之折中而已。

20世纪初的西方哲学观，早已弥漫欧美，可对当时的中国并没什么影响，国人对于西洋哲学还很生疏。即便在当时的上海，人们对哲学的概念、学说也一样很模糊。而蔡元培在这方面做出了大量的工作，目的就是让更多的国人了解和研究西方哲学，对他来说，提供有效的入门书极其必要。

蔡元培的《哲学要领》一书，在当时的影响很大。书中系统介绍了西方哲学的理念、派别体系、学术类别、研究方法等，不仅局限于某个地区，或是拘泥于某个人的言论，而是从古希腊到近欧洲，各种理论均作论例。蔡元培对这些进行归纳、类推，用类推法、演绎法和辩证法阐释各自特点，这对国人学习和研究西方哲学大有裨益。

此后，蔡元培将哲学家井上圆了的《妖怪学讲义》进行编译。这本书的研究价值极大，其用近代科学解释了自然界的种种奇异现象，通过生理学和心理学的相关知识，阐释了人类的异常精神感觉，表面上看似"妖怪"，而实质却是各类学科的综合，实为一部奇书。其内容涉及人类认知，详述了其心理和过程，虽说不是哲学专著，但书中体现的哲学道理却不容忽视，与哲学的联系也很多。

井上圆了是日本著名的学者，他曾在日本创办过哲学学校，他一生致力于哲学研究和教学工作。他的著作多适合于东方民族，所以在中国颇受欢迎。

蔡元培翻译了书中的绝大部分，后交给亚泉学馆印刷发行。后来书馆失火，书稿被毁，只剩下总论部分，其后又交给商务印书馆出版，并改名为《妖怪学讲义总论》。

蔡元培在留德之前，把翻译本书当成一项重要工作，此时书稿焚毁，实在令人惋惜。不过庆幸的是，《妖怪学讲义》译本众多，章太炎、何琪等人也有所译述，这也足见该书的受重视程度。

民国以后，受商务印书馆之约，蔡元培先后编译了哲学导论性书籍，作为师范学校的教科书。一本是 1915 年的《哲学大纲》，另一本是 1924 年版的《简易哲学纲要》。这两本书，都是蔡元培身在异国时所著，以德国哲学家的著作为蓝本，加上自身对西方哲学和学者的了解以及他对哲学的认识和理解，在借鉴和比较的过程中完成的。

蔡元培自身对于哲学的感悟，在这两本书中都有所体现。虽说这两本书是入门教材，但其中却体现着蔡元培的学术水平、哲学素养。与《哲学要领》相比，是更胜一筹的。

在《哲学大纲》中的宗教思想一节里，蔡元培说："真正之宗教，不过信仰心……凡现在有仪式有信条之宗教，将来必被淘汰。"

在《简易哲学纲要》中，蔡元培告诫读者，初学哲学，不要先存成见，以为某事某事，不成问题；最忌讳知道一派学说，就把他奉为金科玉律，认为能够解释所有问题，而忽略其他学说的看法。他强调要了解前人所提出的思想，这样有利于哲学的学习，有了问题，要知道前人如何回答，问题具体出在哪，自己应该做什么。

两本书相距 20 年，章节框架大体相当，学术观点也因时代的不同存在一定差异，这也间接反映了蔡元培的进取精神。

蔡元培之所以多次编写哲学入门读物，与他对中国近代学术的整体认识有关。在他看来，宋代之前，哲学界欣欣向荣，可在此之后，中国的哲学日趋没落，直到清代，甚至都没有什么哲学思辨可言了。

蔡元培想要创建的是中国的新文化，要想实现此目的，必须要学习西方学术成果，让中西文化相结合，取长补短，从而孕育出中西合璧的新哲学。

20 年代初的"柏格森专号"就是一个典型的例子，它集中介绍了柏格森这位西方哲学家的生平和学说，蔡元培特此为他译述《柏格森哲学导言》。显而易见，蔡元培在宣传西方哲学方面做出了巨大贡献。

西方哲学家中，对蔡元培影响最深的莫过于德国哲学家康德。对于康德的"现象世界"和"实体世界"思想，蔡元培都有所接受，并把它们用在教学实践之中。正如他的《对于教育方针之意见》，其中就充分体现了康德的思想。这也是蔡元培首次在国人面前演绎哲学观。

文中提及了教育家和政治家的不同，并运用哲学加以阐释："盖世界有二方面，一如纸之有表里：一为现象，二为实体。现象世界之事为政治，故以造成现世幸福为鹄的；实体世界之事为宗教，故以摆脱现世幸福为作用。而教育者，则立于现象世界，而有事于实体世界者也。"

关于"现象世界"和"实体世界"，蔡元培称现象世界是相对的，实体世界是绝对的，后者并非因果律之范围，前者则属于范围之内，现象世界与时空密不可分，而实体世界却毫无时空可言。

"实体世界"，难以名状，"或谓之道，或谓之太极，或谓之神，或谓之黑暗之意识，或谓之无识之意志。其名可以万殊，而观念则一"，有关如此种种的不同，都显示出他神秘玄奥的论述。从中，我们也容易看出，康德的"心物二元论"思想贯穿其中，不仅是单纯的哲学论述，还带有一些宗教色彩，不禁让人感受到他的高妙与超然。

其实，蔡元培不只是受康德哲学的影响，在他的思想中，还掺杂着叔本华等人的思想成分。他在几十年的教育工作中，倡导"教育独立"，追求美感教育、陶冶心灵，追求完美之人格。他的这些教育思想，都是建立在他庞杂的哲学体系的根基上的，倘若没有这些哲学观，他也不会成为一代教育大家。

除了西方哲学外，蔡元培对中国传统哲学也是极为热心的。他大力提倡人们去认知、去研究哲学，继而形成自己的哲学观。

对于近代哲学，蔡元培在《五十年来中国之哲学》中这样阐述：最近五十年，虽然渐渐输入欧洲哲学，但还没有独创的哲学。所以严格地说，"五十年来中国之哲学"一语，实在不能成立。现在只能讲讲这五十年中，中国人与哲学的关系，可分为西洋哲学的介绍与古代哲学的整理两方面。

关于西洋哲学的介绍，蔡元培极度赞赏严复、王国维，这两人对西洋哲学的译述都做出了巨大的贡献。他赞扬严复的译著，说其每译一本书，必有一番用意，翻译得很仔细，还加入了纠正和证明的案语，极为难得。对于王国维，他也给予很高的评价，说王国维非常人能比，在哲学方面有很强的洞察力，他所提到的两大哲学家——叔本华和尼采的论述，都极为重要。

在古代哲学的整理方面，蔡元培认为，近来整理国故的人，大多受到西方哲学的影响，或是受到印度哲学的影响。康有为，想要在孔子学派做出一个"文艺复兴"运动，他把进化论运用在《公羊春秋》和《小戴记》上，谭嗣同也仿效其路径。

与康有为、谭嗣同同时的还有宋恕、夏曾佑两人，宋恕反对烦琐哲学，夏曾佑则专于宗教。蔡元培在文章中，对宋、夏二人的观点评论得也相当之多。在他这篇总结性的文章中，对章太炎的评价算是极高的了，认为他是国学大师中的大师，对哲学的研究极为深刻，而后能褒贬各家哲学，有此本领的唯有章太炎一人。

蔡元培对胡适、梁漱溟、梁启超等人的著述也都有论列。他从史学角度概括，说哲学是伴随着时代的发展而发展，所以没有绝对正确的哲学，哲学不免具有阶段性，一个时段的哲学也许会很快消亡，但亦会综合其他重新崛起。

是时，对中国清末民初时期学术成果回顾和总结的重要书籍，当属《五十年来中国之哲学》，蔡元培对其进行了精妙的点评，称它为学术的一次巡礼，给后人留下了难能可贵的史料。

哲学，陪伴了蔡元培的一生，无论他是科举仕途之人，还是海外留学志士，哲学对他的影响都是伴随终生的。

4. 倾心民族学

常在德、法游历的蔡元培，深受欧洲民族学的熏染，即便他当时对美学最感兴趣，但民族学作为必不可少的辅助性学科，他一样倍加重视。

1934 年 12 月 20 日，蔡元培在南京发表了名为《民族学上之进化观》的演说：

> "我向来是研究哲学的，后来到德国留学，觉得哲学的范围太广，想把研究的范围缩小一点，乃专攻实验的心理学。当时有一位德国教授，他于研究实验心理学之外，同时更研究实验的美学。我看看那些德国人所著的美学书，也非常喜欢，因此我就研究美学。但是美学的理论，人各一说，尚无定论，欲于美学得一彻底的了解，还须从美术史的研究下手，要研究美术史，须从未开化的民族的美术考察起。适值美洲原始民族学会在荷兰、瑞典开会，教育部命我去参加，从此，我对于民族学更发生兴趣，最近几年常在这方面从事研究。"

短短的几句话，便勾勒出了暮年蔡元培的研学轨迹，也清楚地告诉世人他对民族学的兴趣之高，以至民族学成为他晚年倾心的学问。

蔡元培的《美术的起源》一文中，论述了美的起源问题，其中就运用了民族学的成果。在他研究美术史过程中，美学偏于抽象，而民族学却提供了实证，这大抵也算是他暮年倾心民族学的一个原因。

早在 1924 年，蔡元培参加国际民族学会议时，便遇到德国同学民族学家但采儿，在他的鼓励下，蔡元培进汉堡大学，潜研民族学。自此，民族学成了蔡元培生活中一个极其重要的部分。不管他是否年近花甲，作为一个学术工作者，仍投身于民族学的建设工作之中，这种老而弥坚的精神，便是值得推崇的。

在国外，民族学的建立也不是很早，虽然例如古希腊一些地区的文学记载、史料中，都涉及不少民族学的内容，但当时并不成体系，直到 19 世纪中期，民族学才独立出来，成为正式的社会科学。

西方民族学传入中国的时间较晚，直到 1903 年，林纾、魏易联合翻译的《民族学》一书才进入读者的视野。这部德国著作，最初叫《民种学》，后人还有译成《人种学》。

这段时期，民族学的定义还尚未固定，民族学的基础还尚未形成。蔡元培以独到的眼光察觉到这一点，遂提出"民族学"这一概念，他也是提出这一概念的首个中国人。

1926 年时，蔡元培发表名为《说民族学》的文章，撰述称：民族学是考察民族文化的学问，主要从事记录和比较。

蔡元培之所以提出这一概念，主要是受德、法民族学观念的影响。在世界不同地区，民族学的分类也有所不同。例如英、美地区，人们把民族学归类为人类学，相当于人类文化学和社会人类学；而在德、法地区，人们把体质人类学作为人类学，把社会人类学作为民族学。

总而言之，蔡元培提出这一概念，实属不易。

蔡元培的《说民族学》，是自西方民族学影响之后，第一篇系统论述民族学的文章。这篇先河之作，表明其对民族学有了初步定义，该文章着重强调了民族学的作用和地位，不是单纯地阐释，而是运用中国自有的资料进行实证，逐步提高民族学的可接受性。

他在文中指出：《山海经》《史记》《蛮书》《诸蕃志》《真腊风土记》《小戴记·王制篇》等很多书籍中都涵盖了民族学的内容。例如，《山海经》中有许多记载：《山经》于每章末段，必记自某山以至某山，凡若千里，其神状怎样，其祠礼怎样，此均为记山间居民宗教的状况。

在这些书中，有些不是系统而论，但不少章节均有民族学的记述。其中有些是记录，有些是比较，这也更突出了民族学的研究特点。

蔡元培不仅对国外民族学加以仿照，也对民族学的归属问题有独到见解。在中国，民族并不单一，由于各民族文化的不同，致使民族学涉及内容更为广泛，加之民族学与其他学科互有联系，如若像国外那样把它归类于人类学，那么民族学的受重视程度将大打折扣。故此，在中国就应将民族学独立分科，以引起国人的重视。

蔡元培在文中初步论证了"民族文化随时代进步"的观点，认为该研究可以弥补中国史中诸多方面的缺失，这也显露出他和欧洲民族学中进化学派的某种学术渊源。

这是蔡元培一种"时代精神"的体现，不是故步自封，而是时刻进步。随着这篇文章的发表，民族学在中国逐步受到重视，在学术界也有了立足之地。

当初，蔡元培关于民族学的研究大概有两个课题：一是各民族关于数的观念；二是结绳和最初书法的比较研究。蔡元培所付出的努力已无从考证，但其在两次演讲中所表现出的对民族学的倾心，却可不是玩笑之谈。

第一次，是在1930年的中国社会学社上，蔡元培谈论《社会学与民族学》，他指出，要想得知有史之前的社会，我们不能完全依赖那些考古资料，更要兼顾未开化民族的现状，然后把那个时代的图景勾勒出来。

蔡元培例举了母系氏族制度和图腾崇拜等民族学方面的研究

成果，论证中国古代传说的历史，让人耳目一新，这无疑推动了民族学的普及。

第二次，是在 1934 年的南京演讲，蔡元培当时讲了《民族学上之进化观》。他说他对进化问题最有兴致。人类的目光和手段是进化的源动力，由近到远，促使着人类的不断前行。他从几个方面证明了这一观点，就美术而言，人类的爱美之心，也是由近及远，由小到大的，总是从自身出发，到所用物品，所住房屋，最后到整个城市的规划设计。后来的民族学专家在评论蔡元培的这一观点时，称其为"正确新解"。

关于民族学的研究，蔡元培所留文字不多，可不能因此便忽略了他在民族学方面的贡献，而且他在民族学上所做的工作还远不止如此。

他的思想更多地体现在领导中央研究院上。他深知民族学是一门新兴学科，致力于研究这一学术的人少之甚少。故此，作为研究院的院长，他悉心指导，竭尽所能地推动民族学的发展。

民族学，既是一门理论学科，也是一门应用科学，它的研究具有学术性和实用性的双重特点，与少数民族的政治、教育、文化密切相关。他提倡研究民族学，不能仅仅搜集现有书籍，而要进行实地调查。

民族学组对不同地区、各民族人民进行了实地考察，把此作为其工作项目。蔡元培亲自指定、安排研究人员，赶赴少数民族聚集地区。

在蔡元培的主持之下，民族学组确定了工作项目，共计有：广西凌云瑶人之调查及研究；松花江下游赫哲民族之调查研究；湘西一带苗人之调查研究；台湾番族之调查和研究；浙闽畲民之调查研究；海南岛黎人之调查研究；西南民族之研究；亚洲人种分类之研究；标本图表之整理、陈列等。

由此可见，实际考察工作所占比重不轻，所耗精力也甚多。

自从 1928 年开始，负责民族研究的成员如颜复礼、凌纯声，编辑员商承祖，助理员林惠祥等人，都亲自赶赴祖国边疆进行实地考察，调研报告也在相关刊物上发表。这也是中国首次开展的民族区域调查事项。

除了主持民族学的相关工作，蔡元培还积极创建民族博物馆，请来但采儿协助此事，不过，当时的民族文物、资料虽初具规模，但因经费不足，只设立了民族学陈列室。

随着社会的发展，中国的民族学已远非昔日形态可比。而世人也始终不会忘记蔡元培的早期工作，他就像民族学界的引路人，开辟了这片繁华天地。他留给后人的，不仅是一系列耀眼的研究成果，更包容了他深邃的哲学精神和严谨的治学态度。

第八章　君子存雅量

1．结识忘年交

任何一个成功者，都非仅凭一人之力达成所望，其往往有众多志同道合之人的帮扶，蔡元培亦是如此。

作为知识界的杰出代表，蔡元培的社交极为广泛，其社交生涯大致可分为三个阶段：一是30岁之前，他所交友人多为同乡或科举同年；中国教育会时期，他开始结识众多新式人物，这些人也是教育改革的骨干；成为北大校长之后，他又积极地与新派的知识分子密切往来，亦得到他们的广泛信任。

在此，就蔡元培一生中对其影响较深的文化人物略作记述。

绍兴同乡李慈铭，是蔡元培青年时期极其恭敬的人物。李慈铭才学出众，可谓是人中之龙。

李慈铭对蔡元培很器重，他的《郇学斋日记》中有蔡元培的记载。待蔡元培任职翰林院时，两人的交往就更密切了。

李慈铭在世的最后半年，他聘请蔡元培做其嗣子的老师，并兼为其处理文牍，蔡元培遵从意见，满足了他最后的心愿，直到李慈铭病逝。

在《鲁迅全集》序中，蔡元培这样写道："最近时期，为旧文学殿军的，有李越缦先生，为新文学开山的，有周豫才先生，即鲁迅先生。"可见，李慈铭在蔡元培心中的地位很高，他算是晚清文坛的压阵人物。

正因如此，关于李慈铭的日记整理和刊印，蔡元培都极力促成，为此付出了不少心血。

继《越缦堂日记》影印后，蔡元培又依照李氏遗愿，准备将1854年到1863年的10余册日记节录出版。后经钱玄同提议，还是以影印方式全文刊行，此即是1936年发行的《越缦堂日记补》。

为了避免原稿散佚，蔡元培特意致函蒋复璁，希望图书馆收购日记手稿，能够让日记永远存留下来。作为晚辈，于公于私，蔡元培都是尽职尽责的，展示了学人应有的风度。由此可见蔡元培与中国传统血脉直接而密切的关系。

论起同乡，与蔡元培交往密切的还有一位——张元济，他是与蔡元培交往更深、更久的。两人都曾受到浙东学派的熏陶，科举生涯之中，二人同中举人、进士，后又同驻翰林院，同年关系极深。

戊戌变法年间，张元济积极参与，与康有为同受召见，后因变法失败，弃官归故里。这种经历与蔡元培的过往几乎相同，这也使他们有了从事教育的信念，进而一起创办了《外交报》，一同投身商务印书馆，做教科书的编订工作。

五四运动时期，蔡元培成为北大校长，跻身于中国最高学府，而张元济则进入了当时中国最大的出版机构——商务印书馆，成为其中的一把手。两人一南一北，遥相呼应。他们彼此的亲密关系，也使得北大和商务印书馆合作密切，《北京大学月刊》和"北京大学丛书"均由商务印书馆印行。

而在五四运动之后，商务印书馆的大力革新则是白北大推动的。张元济也曾亲临北大，与蔡元培商讨出版事宜。

蔡元培进入晚年后，时值南京政府时期，他与张元济在事业上仍旧彼此协助。例如，全国教育会议召开期间，张元济有感于西洋情色电影流行、性学书籍泛滥，主动告知蔡元培令行禁止。

"九一八"事变，致使商务印书馆有所损失，张元济的东方图书馆化为废墟，蔡元培决心恢复这一资料库，多方为之求购藏书。

直到1934年春，股东会选蔡元培为董事，并非商务印书馆股东的他，此前也未知自己有被选为董事的资格，是张元济将他的股份放在蔡元培的名下，这才令其莫名地当上了董事。

总体来说，蔡元培和张元济二人彼此对学术问题、社会政治、个人行为方面均能敞开心扉，倾诉衷肠，可谓是互有增益；在中国教育新文化方面的合作，二人也始终保持着高度默契。正是这种默契，促进了教育学术和文化出版这种社会连带机制的协调发展，中国文化建设得到了巨大的助益。

再说到吴稚晖，他与蔡元培曾在爱国学社共事。在政治上，吴稚晖对蔡元培影响很大，两人在思想、学术上亦有不少共同点。

蔡元培留德期间，吴稚晖也同在欧洲，他们之间仍旧书信往来，所谈事务无所不及，显示出了相互间的高度契合。

辛亥革命后，二人都成了国民党和同盟会的资深成员，政治背景也很相似，遂共同创办了《公论》杂志，一起抨击袁世凯，随后又同赴欧洲。身在海外，二人仍旧彼此合作，这在海外华人教育工作中皆有所体现。

蔡元培任职北大时，曾多次邀请吴稚晖来校任教，并有意向其分担政务。可吴稚晖本质上属政治，与汪精卫相同，始终没有应邀。这也就不难解释1927年的"清党"活动中他的表现了。虽说蔡元培又和他站在一起，而就激烈程度而言，吴稚晖更甚。可蔡元培之后成立的中国民权保障同盟，却足以证明他之前的失误。

这二人同为国民党的元老，均表现出不同的特色，在民国时期，于学界同具影响。

后来，吴稚晖曾对蔡元培予以肯定，高度评价这位老友，毫不夸张地说，蔡元培的友人中，吴稚晖是个极其重要的人物。

相较于吴稚晖，蔡元培与章太炎的交际甚寡。他们向来不甚和睦，在"《苏报》"案中，蔡元培为吴向清抱不平，因此与章太炎打了多年的"笔墨官司"。

不过，这期间，他们也非无丝毫交往可谈。"《苏报》"案之后，章太炎被迫入狱，蔡元培还时常探望，待其出狱后又安排将之送往日本。

同为光复会的主干，蔡元培是前期会长，章太炎是后期会长，在"反清"意见上相同，但在光复会分立问题上又不合。

蔡、章二人，在思想上迥异，虽说经历大体相似，可还是难以深交。不过，蔡元培对章太炎的学术是充分肯定的。在北大期间，国文系中章太炎的弟子颇多，蔡元培在《五十年来的中国之哲学》一文中对其学术话语予以了高度评价。

章太炎对蔡元培的人品也十分肯定。在他结婚之时，蔡元培做了其证婚人。性格如此狂放自傲之人，能对其如此信任，足见蔡元培的品格之高尚。

梁启超与蔡元培是乡试同年，在旧时，这是颇受援引的关系。戊戌年间，康、梁心中热火燎起，蔡元培也倾向维新，却"耻相依附"，不曾结交。

1917 年，中国对德宣战的演说会上，二人才开始结识。次年年底，梁启超去欧洲考察，临行前，蔡元培以退还赔款、兴办教育的宣传相托。

蔡元培与梁启超在政治和学术的选择上有很大的相似性，他们最终旨在学术而非政治。

梁启超脱离政界后，从事学术研究，多次在北大作演讲，其好友也曾应聘北大。

1922 年夏，蔡元培得知爱因斯坦要来华讲学，利用改进社年会之机同梁启超商讨，梁启超答应"讲学社"承担部分费用。

民国以后，梁启超沉浮政海，却屡遭失意，又从事讲学，因蔡元培创办的北大风气，他的才能才得以施展，并颇有成就。蔡元培任北大校长之时，他们有一定的交往。

蔡元培对梁启超的功绩十分肯定，梁启超去世之后，他提出议案，要对梁启超明令褒扬，但因胡汉民反对，终而未获通过。

梁漱溟对于二人有启发性的评论，他在文章中夸赞蔡元培，说其是成大事之人，如同一代开明君主，能聚集众多能者，运筹帷幄，而梁启超精通学术，如同韩信将兵，冲锋陷阵。

梁漱溟对二人均有了解，他的评论也很有参考性。可见，蔡元培和梁启超各有所长，前者更善于把握大局，而后者在学术上更有成就。

五四运动时期，新人大批涌现。这其中，让蔡元培评价最高的当属鲁迅。在《鲁迅全集》的序言中，蔡元培称鲁迅为天才，在写作方面是世代难得的人物，他所作的文字，非一般人所及，而如此精妙的字句在他笔下又显得行云流水，如此学力，实在让人惊叹。蔡元培深深被鲁迅的才华所折服。

仔细说来，蔡元培和鲁迅还是绍兴同乡，辛亥革命前他们就有所交集。到了民国元年，鲁迅被引荐到教育部，二人在教育上颇为相近。

不过，说到深交，他们还有段距离。1917 年以后，他们二人同在北京。当时鲁迅搜集汉碑图案拓本，蔡元培很有兴趣，于是欣赏、传览拓本便成二人交往之时的主旋律。

随着《狂人日记》等作品的刊出，鲁迅跃居白话新文学之巅。1920 年，鲁迅到北大教课，讲授《中国小说史》。之后，蔡元培还聘请他做"特约著作员"，月薪 300 元，这对鲁迅来说实在是莫大的帮助。

待中国民权保障同盟建立，二人的关系更深一层。鲁迅逝世后，蔡元培撰写《记鲁迅先生轶事》等纪念性文章，并担任纪念鲁迅委员会委员长，并最终令《鲁迅全集》诞生于世，此足见他对鲁迅"没世不渝的友谊"。

与鲁迅同属蔡元培晚辈的学者友人中，胡适是个不得不说的人物，蔡元培与之关系密切。一方面，因胡适的才能出众；另一方面，他自由、民主的价值观以及教育主张，都与蔡元培不谋而合。

在《新青年》阵营中，胡适的表现也很突出。他的《中国古代哲学史大纲》，奠定了他的学术地位。尤其是他起草的《我们的政治主张》宣言，随之由蔡元培领衔发表，在社会上掀起巨大浪潮。

20 世纪 30 年代，他们二人同为中华教育文化基金董事会董事，在扶植文化科学事业方面合作密切，交谊颇深。

此番种种都可表明，蔡元培与胡适的交谊，可看成是其与欧美知识分子不一般的关系。在文化背景上，蔡元培属康、梁一类，但亦能与欧美派的知识分子建立关系，此足见其在两代文化联结上起到的重要作用，这也是他在近代文化史上能一骑绝尘的原因之一。

2. 品行皆可风

蔡元培，儒雅中不失刚毅，温和中不乏勇气。

学者金耀基曾说："在新旧中西价值冲突、是非复杂的十九世纪中叶与二十世纪初叶，在这段时期中，蔡元培先生可以说是最少争议性的人物，也是最普遍受敬仰的人物，崇扬他的文字何止千百万言。但他名扬天下，谤则未随之，这不能不说是 20 世纪中国伟人中极少数例外之一。"

说到蔡元培的人品，人们的看法甚是统一，认为他是中国传统道德在近代条件下的典范，这令世人对其皆有发自内心的仰慕。在儒家思想居主导地位的情况下，这一评价，在旧时的文化圈中尤为突出。

蔡元培的品性，体现了他的书生本色。

在他看来，学人参政应该服务于大众，不该谋取私心。他对那些做官求利者颇为鄙视，徜徉官场，能始终廉洁自守，洁身自好，这才是真正的为官之道。

每当他看见官人购置田产，常常不胜叹息。他觉得，给子孙留华屋良田，不如教他们真才实学，这样他们才能有所作为。

蔡元培言行如一，纵观其一生，是与奢华毫无关联的，朴质的他始终两袖清风，甚至于暮年之时也租房而居，这才有学生和友人"赠屋祝寿"的佳话。

蔡元培的书生本色，是贯穿其从教与置身政界之中的。

他一生有多次辞职，有些还产生过巨大的社会影响。不过，他始终坚持的是"合则留，不合则隐去"的原则，至于何为"合"，何为"不合"，全由他的价值观决定。

高官厚禄，名闻利养，在蔡元培眼中皆是浮云。每当他辞去职务，便会重操旧业，以老学生身份投身学习、研究之中。

在某种角度上看，蔡元培一生高度自律，颇有几分"殉道"色彩，为遵循自己的信仰，几十年如一日，毫无半点懈怠。

他看重德育，所编写的《中学修身教科书》和《华工学校讲义》的书中，有着极为丰富的孔孟成分，并将西洋道德精髓以古圣贤之言诠释。毫不夸张地说，蔡元培堪称是儒家道德传统的近代化身。

胡适曾说："蔡先生虽不信孔教是宗教，但他受孔教的影响甚深，是不可讳的。"

冯友兰说，蔡元培的人格是"儒家教育理想的最高表现"。

学者们赞美蔡元培的人格，而其高尚的人格无疑来自于中国传统文化的陶养。确实，蔡元培出身文化名城，受儒家思想熏陶较重，饱读经史，砥砺德行，对孔子的学说深得要领。在此之后，他虽吸收西方思想文化，但浸入骨髓的儒家风范已经定型。

而这种"孔孟之道"，似乎从其平素衣着、谈吐上亦有迹可循。平日，蔡元培都是一身长衫，脸上并无过分显露的喜怒哀乐之表情，行为举止也不激烈，看上去稳稳当当，说话时有绍兴官话，语调平和，整体而言，是大有德高望重之相的。

许多接触过蔡元培的人，对他的风采也都印象深刻。

柳亚子曾说："蔡先生一生和平敦厚，蔼然使人如坐春风。"

当年，还是学生的冯友兰在《三松堂自序》中回忆蔡元培，称其具有极高的人格魅力，他给接触过他的人留下了极深的印象，宛若风光霁月一般，感化周围的人。

在一众学者的褒赞背后，反映的无疑是蔡元培不同常人的人格魅力。与之交往，如沐浴在春风中一般，此足见其是极富感染力的，这种感染力，来自他的内在修养。

任鸿隽认为蔡元培的人格修养是他的本性使然，而非为留好印象而张扬崇高道德的表现。这是否可以理解为，这是蔡元培长期"读书养气"所达到的一种境界？

蔡元培一生好学，早年耳濡目染理学心性之说，崇拜宋儒，中年以后，又研究西学。在他任教南洋公学时，曾想师从马相伯学习拉丁文。而马相伯却告诫他说，拉丁文已成古董，不必学习。可蔡元培不听劝说，言拉丁文乃是欧洲语文的基础，若不学习，又如何对西洋古学加以探知？马相伯闻听不由一惊，无奈之下，才教其拉丁文。

当时，南洋公学距离马相伯的寓所有四五里地的路程，可蔡元培坚持步行前往，有时时间尚早，马相伯还未起身，他就耐心等候。后来，震旦学院就是建立在两人这种师徒关系的基础之上的。

有人说，蔡元培结合了东西方两大文化特长："一是中国传统圣贤之修养，一是法兰西革命中标揭的自由平等博爱之理想。"蔡元培对中国读书人修心传统的恪守，对西方理性精神的执着追求，两种文化特长的结合，造就了他无比高尚的人格。

在纷繁的人事、社会实践过程中，蔡元培举止恬淡，心态旷达。他的很多朋友和学生评价他：无所不容，以此来说明他"兼容并包"的思想和仁人君子的雅量。

五四运动前，蔡元培和林纾曾有公开"论战"。林纾对他以及北京大学刻意诋毁，写影射小说，甚至对他进行人身攻击。而蔡元培在回复中却合情合理，不假辞色。二者的境界高低，显而易见。

因《石头记索隐》一书，他还曾与胡适辩论。胡适年少气盛，对蔡元培的旧红学派以及他的《索隐》一书予以方言贬损，称其"猜笨谜、大笨伯"，可见用语之刻薄。

蔡元培对胡适的看法不敢苟同，加以反驳，但反驳之中并未有负气之意，只是表明自己的见解而已。

还有一次，许多后辈都因蔡元培书法方面"不讲究"而有疑问，他作为晚清大学士，那么在过去重视书法的殿试中是如何金榜题名的呢？

一次宴会上，钱玄同几杯酒下肚后，率真地问校长："你的字写得这样蹩脚，为什么可以点中翰林？"这话一出，席间有人突然感到忧虑，这不是让校长出丑吗？

谁知，蔡元培不以为然，笑着说："因为那年主考官最喜欢黄庭坚的字，我少年时刚巧学过黄体，所以能中试。"如此，尴尬的情景在蔡元培风轻云淡般的三言两语中复静如初。

北伐战争后，陈调元担任安徽省主席，不少北大学生请求校长，介绍他们到该省任职，蔡元培几乎来者不拒。起初，陈调元还设法安置，可蔡元培的信件太多之后，也就置之不理了。

蒋梦麟回忆蔡元培时言，谈到他的处世态度，在其心中人人平等，没有高低贵贱之分，无论是达官或是普通百姓，皆从容对待。

言至于此，或许很多人会有疑惑：蔡元培是太"好好先生"

了，待人接物如此泛滥，遇到什么事情都揽在身上，实在不能当机立断，这又怎能参政议事呢？不过，与蔡元培交往甚密者不以为然，他们揭示了蔡元培的另一面。

林语堂有记载称："蔡先生待人总是谦和温恭，但是同时使你觉得他有临大节凛然不可犯之处，他的是非心极明。"

学生罗家伦说："大家只看见先生谦恭和蔼的方面，而少知先生坚毅不拔、风骨嶙峋的方面。"

傅斯年则明确指出："若以为蔡先生能恕而不能严，便是大错了，蔡先生在大事上是丝毫不苟的。有人若做了他以为大不可之事，他虽不说，心中却完全有数。"

可见，蔡元培在大事方面还是"刚性"的。他做到了"临艰危而不惧，有大难而不惑"。

众人的记述，明确地告诉世人，蔡元培并非过分"柔弱"，他的刚毅深藏于血液之中，这从他在北大任职那段时间就可看出。

当时，由于北大的自由学术气氛，新文化运动扩展迅速，军阀、政客联手保守派分子对北大实行强压，此次事件自然与蔡元培的"兼容并包"关系密切。

作为北大校长，此时的蔡元培肩扛重担，面对这"黑云压城"，他要怎样应对？

汤尔和曾劝说蔡元培：解聘陈独秀，制约胡适，以此缓和外界压力。蔡元培默默听着，最后却绝然表态，有关北大的一切事情，都由他蔡某人一人承担，与旁人绝无关联。

如此刚毅风骨，也非一句话就能将其表露。蔡元培的这种不可犯的气节，是建立在坚强的人格基础上的。

不在沉默中爆发，就在沉默中灭亡。蔡元培就是那个爆发者，一个坚毅挺立的顽强者。没有蔡元培的负责，北大的未来如何尚且不知。

1921 年，蔡元培在美国考察期间，刚抵达绮色佳，一位驻华公使就宴请他，让他介绍北京的权贵。蔡元培不愿敷衍，下车不久就离开此地，绝不搭接此种桥梁。

有人评论蔡元培，"内和外介，守正不阿"，这实恰当至极。

3. "学""业"倚家人

不论是圣贤，还是凡人，从生活中窥探细节，便更能看到其更为真实的一面。

商家出身的蔡元培，兄弟姐妹共 7 人，四弟和幼妹不幸夭折，还有两个姐姐，后在 20 岁左右也都亡故，这样一来，他只剩一兄一弟。

蔡元培之兄在上海崇石印局供职，其弟坚守祖业，在绍兴钱庄工作。二人均从事实业，只有蔡元培自己走上了读书、办学之路。

说到他们三兄弟的感情，也是极深的。蔡元培常年奔波在外，也少不了兄弟的帮助。早年，他与友人张元济创办《外交报》时，兄长就多方面给予支持。"《苏报》"案发之后，兄长也曾劝说蔡元培前往青岛躲避，并为之打探消息。

蔡元培的弟弟——蔡元坚居家料理众多事务，也在一定程度上减少了蔡元培的后顾之忧。

蔡元培和睦的家庭氛围，对他日后的发展也起到了一点的帮衬作用。不过，要说对他事业帮助更多的，应属堂弟蔡元康。

蔡元培创办爱国女校之时，蔡元康倾囊相助，在其初办光复会及主持同盟会时，蔡元康也始终伴随左右，遇事更是鼎力相助。

蔡元培对蔡元康有很高的评价，称其很有才能，前途无量，并在多项事务中给予其帮助。

五四运动爆发之时，蔡元培便离京赴杭州留居，是时，蔡元康系当地中国银行行长。那段时期，蔡元康照顾蔡元培的起居，传递、代洽各方"挽蔡"函电。

只可惜，在蔡元培留学期间，蔡元康不幸暴病而亡，蔡元培极度哀痛，深感惋惜，曾在《自写年谱》中详述此事，此足见其对堂弟的哀思之情。

而说到蔡元培的夫人，首先要从王昭说起。

蔡元培一生结婚三次，第一任妻子便是王昭。王昭和蔡元培的姻缘是同窗介绍而成。

王昭的父亲是绍兴城内的一家当铺出纳，为人光明磊落。王昭是他的次女。

蔡、王结婚之后，蔡元培为求取功名，多年在外，直到1895年，蔡元培请假一年，才得以和夫人团聚。

之后，王昭又随蔡元培移居北京，期间，她严谨持家，不时和友人、同年结伴出游，同时，她也是性情淡泊之人，对蔡元培连登高第泰然相对。

戊戌变法之后，蔡元培又弃官南归，辛苦备尝之时，王昭也毫无怨言，紧随丈夫的脚步。

在思想观念上，蔡元培向她疏导男女平等的观念，让她接受新文化，反对迷信鬼学，解放自幼被缠的小脚。

回乡之后，蔡元培奔走于各地，投身教育、公益事业。他不曾想到，此时夫人王昭的生命所剩无几，肝病一天天侵蚀着她的身体。1900 年，王昭终于病倒，永远闭上了眼睛。

彼时，蔡元培哀痛至极，虽说结婚数年，可二人在一起的时间却甚短，尚未长相厮守，王昭就一去不返了。

蔡元培在挽联中写道："早知君病入膏肓，当屏绝万缘，常相厮守，已矣，如宾十年，竟忘情乃尔耶？"

王昭走后，众人都十分关注蔡元培的家庭问题，有很多上门提亲、说媒者。遂蔡元培提出了那著名的"五项条件"。其后，黄仲玉走进了蔡元培的人生。

1902 年元旦，蔡、黄二人在杭州举行新旧参半的婚礼。

在婚礼演说中，蔡元培说："夫妇之道，极正大，极重要，无可引以为羞涩，并无可援以为谐谑之理。而近世东南诸省，盛行闹房之俗，务以诡侧谐浪为宗，实不可解。然天下极谬误事，其中必有真理，此为哲学家名言。窃意古者女子于归，诸母有警戒之词；初到夫家，舅、姑及戚族来者，亦必有以教之。"

蔡元培的这种毁弃旧习的做法，意在"复古"，也表明"极正大"的夫妇之道。他始终提倡男女平等观念，学术有先后，而人格却始终是平等的。人格的平等，是蔡元培男女平等思想的核心，不论在社会中，还是在家庭中，他都是依此行事。

黄仲玉与蔡元培一同生活了 20 年，不论蔡元培参加革命、留学德国、参政内阁，还是北大任职、居旅海外，黄仲玉始终显示出的都是个贤内助的形象，在物质上、精神上给予了蔡元培莫大的支持。尤其是在创办爱国女校过程中，她发挥了巨大作用。

当时，随着社会风气的好转，女学日益重要起来，为提倡女子教育，黄仲玉和蔡元培曾出面接待众多人士，商议办学之事。

之后，蒋智由又请她偕人再次协商。多次交谈之后，爱国女校顺利开办。在此期间，黄仲玉在学校担任主要教职人员，成为女学初期的骨干。

1907 年之后，蔡元培躬赴德国，黄仲玉则回老家居住，此时，他们已有一对儿女：柏龄和威廉。蔡元培在德国留学 4 年半，加上辛亥革命后他置身政界，无暇顾及家人，直到辞去政务之后，才得以与家人团聚。

再后来的 4 年，蔡元培偕同家人前往德法，在海外度过了一段平静而又愉悦的生活。直到 1917 年，他任职北大校长，一家人又迁居京城。

多年以来，蔡元培奔走于国内外，事务众多，尚不曾停顿休憩，繁忙之下，黄仲玉也丝毫没有懈怠。仰慕古代烈女的她，从一开始就抱着献身丈夫的决心，不论蔡元培是成功还是失败，是安全还是身处险境，她都会予以支持，并竭尽全力操持家务，养育子女。

蔡元培曾深情回忆他的妻子，对于妻子的品行，他尤为敬重，称其不争名夺利，节俭养德，为家人树立了榜样。夫人的行为，令蔡元培甚是感动。

蔡元培在欧美考察期间，黄仲玉因此前顽疾恶化，于 1921 年元旦逝世。9 天之后，蔡元培如同做噩梦一般，在祭文中写道：

呜呼！仲玉，竟舍我而先逝耶！自汝与我结婚以来，才二十年，累汝以儿女，累汝以家计，累汝以国内、国外之奔走，累汝以贫困，累汝以忧患，使汝善书、善画、善为美术之天才，竟不能无限之发展，而且积劳成疾，以不得尽汝之天年。呜呼，我之负汝何如耶！……死者果有知耶？我平日决不敢信；死者果无知耶？我今日为汝而不敢信；我今日惟有认汝有知，而与汝作此最后之通讯，以稍稍纾我之悲悔耳！呜呼，仲玉！

如此发自肺腑、感人至深的祭文，字里行间充溢着对妻子的哀思。这篇文章，后来成为中学教科书的教材。

黄仲玉去世后，蔡元培掩盖了内心所有的伤感，依旧投身于各项工作中去。其时，因工作的需要，他不得不续娶——周峻便这样来到了他身边。

蔡、周二人你情我愿，很快于苏州完婚，随后便偕同子女赶赴欧洲。

在欧洲的两年余时间，他们先后居旅比利时、法国、德国。周峻从事绘画学习，而蔡元培继续他的写作与研究。两人工作上相互促进，生活上相互帮助。作为新时代的女性，周峻对蔡元培的帮助极大。

1924 年，蔡氏夫妇共同进入爱丁堡大学深造，直到 1926 年方才回国。

蔡元培一生之学术造诣，自然是其自身努力而来，可兄弟的帮扶、三个妻子的贡献，却又是不可忽视的，这也将是其此生最大的财富。

4. 厚德且笃行

古人有云：地势坤，君子以厚德载物。

在蔡元培还驰骋官场之时，作为清季士大夫，他们出行都是用轿，蔡元培当时对此极力反对。

一日，有人宴邀请蔡元培，便用轿去接，蔡元培坚决不肯乘坐，愿意自己步行前往，所以抬轿之人又将轿子抬了回去。待蔡元培到了地方，吃完饭后，主人谴责轿役，说怎么能让客人徒步而来？蔡元培立刻向其解释道，他向来不坐人力车，看到车夫疲惫不堪，实在不忍心坐在车中。

又说："以人异人，非人道；且以两人或三四人代一人之步，亦太不经济。"官场之中，蔡元培能如此自律，可见其德行之高。

在"《苏报》"案发生之后，章太炎、邹容被捕入狱，蔡元培因逃向青岛，避此一难。不过，他并未忘记狱中二位友人，自青岛返回后，月月都去探望。受制于狱中规定，他每次只能探望其中一人，故而采用交叉探望的办法。

在邹容病逝后，蔡元培将他和其他革命党人葬在一起，以显忠心。他对邹容的死表示沉痛的哀悼，将他的后事安排妥当后，又做了一场极有感染力的演说，据说，同盟会元老陈其美就是听了蔡元培的演说后，回家卖了家产，转而致力于革命事业。此事不仅证明了蔡元培恪守道德之理念，他的这种不畏风险、对朋友忠贞的态度，也让世人钦佩。

而在这种种事件之中，记录最多、最为全面、又最能体现蔡元培厚德的，是他在北大任职的一段时间。

在进北大之前，北大的学生、老师都是大人、老爷，有一定的身份背景。北大有申明，作为新学生，必须要有官员做他的担保人。

1919年，湖南一个姓马的考生分数达标，苦于京中无亲无故，更谈不上什么京官担保了。于是他给北大写信，提出抗议，要求废止此项规定。

蔡元培看到信后，认为国外并没有这种制度，便马上回信说明情况，北大是教授治校，对于规定的取消，必须由教授会议决定，取消前，他愿意给马学生担保。就这样，这个姓马的学生顺利进入北大。

作为北大校长，蔡元培从不会拿自己的地位说事，他很能体察学生的困难，对学生的信件可做到及时回复。此番其能亲自为素不相识的学生做担保，便可见其与众不同之处了。

1915 年夏时，25 岁的许德珩考入北大英文系，孤身一人来到北京。他家境困难，经济条件无法满足上学需要。两年之后，蔡元培出任校长。

许德珩实在无力维持基本生活，迫不得已找到了蔡元培。他把自己的处境一五一十向蔡元培说清楚后，蔡元培稍作思量，询问其是否会外文。许德珩点头，说自己会一些英文。接着，蔡元培随即拿出一本英文书籍，随手挑出一段让他翻译。许德珩当场开笔，翻译的中文通顺贴切，再加上一手好字，蔡元培看过之后，较为满意，于是他让许德珩去国史编纂处出任课余翻译，薪俸为每月 10 块银元，这在当时也不算少。自此之后，许德珩的生活有所改观，不但不那么困窘不堪，甚至还可以寄钱给家中老母。

多年之后，许德珩对子女说，在他最困难的时候，蔡元培施以援助之手，给他找了个翻译的工作，这对他而言是莫大的鼓舞。

同在北大的还有著名学者冯友兰，其弟冯景兰在北大上预科时，想要申报河南省公费留学生，因需北大递交肄业证明，冯友兰唯恐时间紧迫，便在写好证明信后找到蔡元培说明。

当时，冯友兰走进校长室，蔡元培欠了下身，问他有何事。冯友兰把信件给他，蔡元培看了看后，笑着说："好啊，好啊，能够出去看看好啊。"冯友兰直明来意："那就请校长批几个字吧。"蔡元培提笔在纸上写了几笔。就这样，冯景兰的证明办完了。没有阻挠，没有多余的询问，更无横加干涉。

据冯友兰回忆："1921 年，我在哥伦比亚上大学的时候，他（蔡元培）到美国访问，到了纽约。北大的同学组织一个随从班子，轮流着陪同他到各地方去。有几天，我们常在一起。有一天，在旅馆里，每个人都拿出一张纸，请他写字。我恰好有一把折扇，也请他写。他给每人都写了几句，各不相同。

"有一天晚上，在纽约的中国学生，开会欢迎他，人到的很多。蔡元培一进会场，所有的人都不约而同地站起来了，好像有人在那里指挥一样。当时的留学生杨荫榆说：'我在中国教育界多年，还没有看见校长和学生间的关系这样好的。北大的学生向来自命甚高，可是见了老校长，这样地恭敬，我现在真是佩服蔡先生了。'"

显而易见，蔡元培是德高望重的，且深受学生们的爱戴。学生和校长之间，能有如此一般的感情，实在难得。

1921 年，蔡元培邀请画家刘海粟到北大授课。之后，蔡元培更为他办了一次隆重的画展，亲自写了《介绍画家刘海粟》一文，在报刊上刊登。他甚至还替刘海粟售画，并成功将画作卖给了德国大夫克里博士，解决了刘海粟的生计问题。

蔡元培在中央研究院任职期间，所住居室，进出皆为不便，必须要先经过某君住的外间才可回房。一日，蔡元培早起，将要洗漱，在外间的某君却依旧沉睡梦中，蔡元培为了不打扰对方，便在房间看书，直到某君睡醒，才去洗漱。

曾有年岁比蔡元培小 40 岁一人，名叫赵家璧，他多次上门求蔡元培为他的书提名。蔡元培并未因此人名不见经传或是前无交情而回绝，当即答应了。

1927 年，国民党少将姜绍谟跟从蔡元培抵达宁波，据他回忆，虽然蔡元培年近花甲，不过身强体健，万事都要亲自动手。在厦门期间，蔡元培亲自收拾行李，也未麻烦姜绍谟。饮酒时，不论是谁敬他酒，他都喝下，随后举杯回敬；如若敬其香烟，他亦是不分好坏，一律接受。

当年，艺术家刘开渠在大学院任职，心中有去法国学习雕塑的愿望，便向蔡元培提及，蔡元培始终记着这件事，说去法国留学实在甚好，中国正需要去学雕塑的人才。一年之后，刘开渠收到了大学院的聘书，担任著作员，月薪 80 元，至此，其得以实现留法学习的梦想。

甚至于，为了让刘开渠能顺利踏上通往异国之途，蔡元培还解决了他的路费问题，特地预先支付了他半年的工资，帮他买到打折的船票。刘开渠为此感动万分。

1932 年，蔡元培抵达武昌珞珈山，计划小住几日。当时，因著名散文家陈西滢重病在床，蔡元培拾级而上，走了 100 多个石阶到达陈西滢的住处，令其感动不已。不久，蔡元培与陈西滢一同乘车从南京出发北上。期间，蔡元培对陈西滢说，中央委员乘车是不用花钱的，故而这次没花一分钱，心里感觉不安，便表示一定要自己来支付餐车的费用。陈西滢见蔡元培言辞恳切，也便不好推却。

翌日，陈西滢才获知，蔡元培不仅支付了饭钱，就连茶房的小费都给了。到站后，蔡元培让人把陈西滢的行李也一并运走。由此，陈西滢被蔡元培的为人处世之风所感动，更被其亲切的气质和优雅的风度所折服。

据曾任安徽大学校长的杨亮功回忆，蔡元培曾寄信予他，介绍某人到其学校教书。由于当时正值学期，杨亮功回信表示，要等暑假结束之后再做打算。不料，蔡元培对此事极为上心，暑假期间，杨亮功到上海办事，蔡元培就提醒他别忘记此事。之后，被推荐之人做了安徽大学的国文老师。

杨亮功回到学校后，发现那人并不能教书，便把他调进图书馆工作。直到后来，杨亮功听闻此人姓名，方才得知，他与蔡元培并不熟识，只是在火车上偶遇，蔡元培欣赏他的作品，便推荐他到安徽大学教书。

素不相识者，蔡元培都能对其"有求必应"，这是何等的胸怀！

晚年的蔡元培隐居香港。那时，革命志士廖平子及家人也住在香港。廖平子为人耿直，性情平淡，寡言慎行，不屑做经营之事。然家中困顿不堪，几乎要揭不开锅了，只能依靠妻女织屦艰难度日。

廖平子擅长撰写诗文，常送与蔡元培。当时蔡元培的生活一样清苦，却每每都赠他法币 10 元，月月如此。

蔡元培去世之时，家中女佣及其随从都悲痛不已，称蔡元培为"蔡仁慈"。蔡元培平日全无架子，只让他们称呼先生，不准叫他老爷，此不同于别人家；每每逢年过节，蔡元培不管自己条件如何，尽量节省家中开支，想方设法多给佣人们一些钱物。

蔡元培出殡之日，附近居民纷纷前来关心其家人。他们甚至还焚烧纸钱，齐声说送蔡先生归天成神。他们时刻记得蔡元培对他们的好，尔时，恩人走了，他们自然是悲伤不已。

曾自称"好好先生"的蔡元培，一生平和厚德，值得赞颂。

第九章　孤灯绽金光

1. 暮年之心境

孔子，七十而能从心所欲，而世上其他人又能如何？蔡元培又能达到何种境界？一句话道来：老骥伏枥，志在千里。

中国民权保障同盟停止活动之后，蔡元培几乎把所有精力都投入到中央研究院中去，而对于社会性的政治活动，他基本不再参与了。

对他而言，走过的大半生太过繁忙，身心疲惫的他此时感到了一丝倦意。

1935 年 7 月，他发表言论声明："（一）辞去一切兼职；（二）停止接受写作；（三）停止介绍职业。"此时的他年事已高，心有余而力不足，想从这繁杂的事务中脱离，安心静养，为自己做点事。

正是怀着这样的想法，蔡元培在此后的几年写了诸多回忆性的文章，例如《我所受旧教育的回忆》《我在青年时代的读书生活》《我在北京大学的经历》和《我在教育界的经验》等。

蔡元培期待自己的《自写年谱》问世，他将自己的生平仔细地整理，想为自己的一生找到媒介，让世人品读。

1938年2月9日，是蔡元培70岁的生日。蔡元培家中开办寿宴，朋友亲人纷纷送上祝福。席间，众人谈笑风生，其乐融融。面对如此情景，蔡元培感到无比欣慰。

除了他自家之外，中国科学社也为其筹办庆生大会。会上，马君武致辞说："人生七十以后，实为最好的服务时期……希望蔡先生在七十岁以后，领导全国科学家，本着苦干精神，为国奋斗。"

蔡元培也说："人生在世，一百二十岁为上寿，一百岁为中寿，八十岁才称下寿。只有社会的寿最长，可以祝万岁。中国科学社到现在虽只有二十多年的年龄，但外国学会在百岁以上者很多，法兰西学院已到三百年，故学会也是万寿无疆的。今以长寿的团体来祝个人，真是荣幸。"

孔子说自己：吾十有五而志于学，三十而立，四十而不惑，五十而知天命，六十而耳顺，七十而从心所欲。庆典上，蔡元培以孔子自比，观照自己的一生，发表演说，感慨万千。

他在寿宴上的演说，看似带些调侃语气，实质上勾勒了他一生的大致轮廓，他轻松而又负重，喜悦而又略显酸楚，雅趣横生中彰显伟岸老人的情怀、一届泰斗的风采。

众人为其庆生，蔡元培还如此谦恭，幽默之中也体现了他的旷达，让人似乎又感受到了他晚年凝练的一面。

继科学社的大会之后，蔡元培的庆生活动并未结束。不久，画家刘海粟、教育家张寿镛等人嫌蔡老生日太朴素了，根本不是一代宗师的风采，于是在上海国际饭店举行盛大活动，祝蔡元培七十大寿。

这次活动着实不小，行政界、金融界、教育界、美术界诸多名人，如沈钧儒、黄炎培、马寅初、许寿裳、梅兰芳、林语堂、朱屺瞻、张学良、王昆仑、李四光、丁西林、沈恩孚、陈树人、肖友梅等纷纷来祝寿。

蔡元培难以掩饰心中的喜悦，有言：

"今日诸位名人祝鄙人长寿，当然含有尽力社会的责任。但鄙人自省一回，就惭愧一回。从前蘧伯玉生50年，知道49年的非，鄙人到70年，不能不知道69年的非了。回忆从前经过，可为而不为，与不可而为的，不知多少；多一年，就增了一年的悔恨，较之蘧伯玉要增加20年的悔恨，不是罪孽深重吗？若是年富力强，还可徐图补救；但70岁了，余年有限，还来得及补救吗？所以鄙人自己不敢高兴，反而觉得危惧了。但鄙人也不是妄自菲薄的人，既承诸位名人的责备，鄙人也不敢推卸。鄙人是一个拿笔杆的人，所敢夸口的也只能在笔杆上多尽点力。'假我数年'，鄙人想把刘（海粟）先生寿文中道及的'以美育代宗教'的主张，著一本书；还想编一本美学，编一本比较民族学，编一本'乌托邦'；胡适之先生，常常劝鄙人写自传，如时间允许，鄙人也想写一本。愿心许的太多了，不敢再说下去了。"

祝大寿而许宏愿，本是一种习俗或惯例，但反映的则是人内心的企望和追求。

年入晚境的蔡元培还有许多牵挂，答辞之中，尽显其进取的一面，实在难得。他所说的愿望，多为他平生的兴趣所在。可繁多的国事、杂糅的教育工作，让他没有充足的时间完成理想，就连写自传的时间尚不知是否充足。

回首往昔，蔡元培一生匆匆碌碌，几乎没有真正消遣的时光。时而奔走于教育之中，时而又化身革命志士，时而心怀大计，时而又慨叹国难。蔡元培于"立德""立功"之后，确实想精心读书著述，以满晚年心愿。

可谁都未曾料及，就在当年冬季，一场大病突如其来，一下子击垮了蔡元培瘦弱的身躯。幸运的是，他诊治得当，转危为安，可风烛残年之迹，却再也遮挡不住。

据周峻的侄儿周新回忆，每每见蔡元培本人，其脸色都是极差的，而没有什么病相。可蔡元培又不愿提及自己的病情，就怕给他人造成负担。

生病之人，到底是难以掩住那份忧虑的，若不是家人再三追问，他必然三缄其口。周新看他到痰盂旁呕吐，便连忙关切地询问，但他只说："没什么。"

尽管遭受病魔的侵扰，蔡元培仍旧继续工作。他参加中央研究院评议会第三次年会，陆续写了《记宗仰上人轶事》《〈世界短篇小说大系〉序》等。

1937 年 6 月，蒋介石还曾致电给他，希望蔡元培能为庐山训练，莅临指导。而蔡元培大病之后，尚未痊愈，仍旧发热不止，不得不婉言相拒，等病情有所好转再做定夺。

此时，抗日战争爆发，全民抗战已成大局，国共两党再度合作。蔡元培大病缠身，心急如焚，也只能呼吁群众团结抗争，未能有再多作为了。

7 月 7 日，"卢沟桥事变"爆发，抗日战争的大潮席卷全国。很快，上海沦陷，国民党政府被迫迁都重庆，中央研究院也随之迁往内地。

蔡元培病情还未好转，即刻从上海转到香港。随后，周峻带领子女共同赴港。

在香港，他们先是暂居在商务印书馆宿舍，由王云五照料，其后，蔡元培及其家人均搬入九龙租定寓所居住。

此番蔡元培移居港九，自是为了避难养病。香港在沦陷之前，曾是国人出国或奔赴西南的中转站，他此时居住在此，对其之后的行止有所保障。

之后的两年，蔡元培在港九隐姓埋名，深居简出，只是安心养病，鲜少参与对外活动。唯一让他忧虑的，是中央研究院战时运作问题。

1938 年 2 月下旬，蔡元培在香港酒店主持中研院的院务会议，中研院的总干事朱家骅和各所所长均赴港参会，会上共决议了 7 项议案。

是时，中研院的各项研究机构已迁到重庆、昆明等地，在极其困难的战时条件下，竭力维持科研工作。不久，因朱家骅"为党国要务所羁绊"，无法履行总干事职责，代行此职的傅斯年又因事而不能担任，后经多方商谈之后，推选任鸿隽担任总干事一职，保证中央研究院的正常运作。

据载，张静江经香港赴美国，邀请蔡元培同行。蔡元培当面辞谢了老友好意，问其原因，他说自己仍身负学术重责，这关乎到国家的远大前途，不能有丝毫的懈怠，实在不能离开。

从蔡元培的态度上不难看出，这位饱经风霜的老人，仍关注着中央研究院的情况，每有相关函电，他也必载入日记。他逝世之前，曾先后收到翁文灏、任鸿隽、竺可桢等人信件，其中对中研院评议会改选一事极为关注。

蔡元培晚年，摈除外务，只求精心养病与写作，唯独对他视为"百年大计"的中研院工作例外。

蔡元培为了国家，为了民族的利益，为了实现强国富国的理想，当真做到了"鞠躬尽瘁，死而后已"。

2. 无畏赴黄泉

在香港的那段寂寥时光，蔡元培静养之余，就是读书和写作。张元济的《校史随笔》、傅东华译的《比较文学史》、郭沫若的《石鼓文研究》、王闿运的《湘绮楼日记》、李玄伯译的《希腊罗马古代社会研究》以及《五十年来的德国学术》等，他都有品读。

此外，蔡元培还曾向香港的商务印书馆借读。考虑到蔡元培视力较差，王云五特地找来大字本，包括《王阳明全集》《陆放翁全集》和《游志汇编》等。

同时，他还应邀为一些书作序作跋，例如《鲁迅全集》序、肖瑜的《居友学说评论》序、李宗侗《中国古代社会新研究初稿》序、任鸿隽的《古青诗存》跋等。

当然，除了读书、作序作跋，蔡元培也没有忘记自己的写作。这期间，他经常性写作的便是那部《自写年谱》。

蔡元培的这部晚年遗著并不完整，只因他病情太重，实在不能写作才辍笔。本书共4万余字，记述了他自出生到赶赴欧美考察为止。该书使用白话文叙写，文笔简洁、清丽，对自身家世、少年时代、科举考试、供职翰林院、从事教育、留学德国、游历法国以及在上海的活动等均有翔实记录，很多细节十分感人，虽未完稿，但后人还是能从中领悟、感受到他的生活环境和过程，以及他的人格、思想是如何形成的。

至于在北大之后的记载，蔡元培在书中表述得较为简略。这或许是他的自身原因，书中前半部分是其倾心写作，而后面则因身体欠佳，力不从心了。

其实，蔡元培在1938年就曾提及这部《自写年谱》。他嘱托高平叔编订《孑民文存》，高平叔希望蔡元培所撰自传，能冠于文存之首。

蔡元培回复称其心烦意乱，旅途之中，工作时断时续，加上资料不全，难以完成，只作出大约三万字。

由于字数太多，而若等到写完之时还相距甚远，所以不好放于文存之首。从中方可了解蔡元培这项写作的些许设想和写作情形。

彼时的蔡元培虽病居香港，可他心系天下。

移居香港前，为了抗击日本帝国主义的侵略，他积极促成两党合作，为团结抗战出力甚多。

1938年5月20日，保卫中国大同盟和香港国防医药筹赈会向蔡元培发出邀请，其随后抵达圣约翰大礼堂，出席美术展览，并发表演说。

在众多来宾面前，蔡元培告诫众人，在紧迫的抗战情势下，每个人都不能被战争打乱了阵脚，眼下最需要的是要有一种宁静而坚毅的精神，任何岗位上的人，只有怀着这种精神，坚定地走好脚下的每一步路，抗战胜利的那天才会到来！

他还强调，推广"美育"，就是养成这种精神的一种方法。

推广美育，是蔡元培一生之中着力去做的事业，而此刻，他又将这种前沿的想法运用到抗战之中，不论他人如何评论，他的这种态度实在令人可钦可佩。

正是基于这般执着的精神，他对抗战也是信心十足。在纪念北大成立 40 周年的题词中，他勉励北大师生"他日山河还我，重返故乡，再接再厉，一定有特殊之进步"，故此，在抗战初期，他所表现出的豪情就不足为奇了。

当然，战争带来的灾难是巨大的。家园残破、生灵涂炭，让人心绪凝重；面对敌寇的猖狂，蔡元培又时时激荡起金戈铁马般的壮烈情怀。这种思绪，在他的诗中体现得尤为强烈。他写给曾在同盟会结识的陆丹林的红叶诗云：

> 枫叶荻花瑟瑟秋，江州司马感牢愁。
>
> 而今痛苦何时已，白骨皑皑战血流。

他的另一首七绝云：

> 世号诗史杜工部，亘古男儿陆渭南。
>
> 不作楚囚相对态，时闻谔谔展雄谈。

可见，病居香港的蔡元培尚有江州司马的情怀，又思慕那"亘古男儿"的英雄气概。而更能体现蔡元培"壮心不已"情怀的，莫过于他为中国反侵略分会所作的会歌词。词中写道：

> 公理昭彰，战胜强权在今日。概不问，领土大小，军容赢诎。文化同肩维护任，武装合组抵抗术。把野心军阀尽排除。我中华，泱泱国。爱和平，御强敌。两年来博得同情洋溢。独立宁辞经百战，众擎无愧参全责。与友邦共奏凯旋歌，显成绩。

令人心潮澎湃的歌词，显示了蔡元培反侵略的坚毅决心。

蔡元培心系国事，可这份炙热的爱国之情却抵不过世间的俗世伤悲。1939 年 5 月 5 日，其长女、著名画家威廉病逝于昆明。蔡元培得知噩耗，甚为痛惜。

蔡元培晚年体衰多病，长女又先于他去世，其所受打击自然是沉重的。有所慰藉的是，国内外各界人士并未因战乱而忘记病居港九的蔡元培，他们的炙热情怀，疗治着垂暮老人的苦痛伤痕。

1939 年 7 月，国际反侵略运动大会中国分会推举蔡元培为名誉主席，不少海外友人也纷纷来函，请他移居新加坡、菲律宾等地，他都一一婉言谢绝了。

蔡元培曾向王云五等人透露，他有意转迁昆明，因为中央研究院就在此处，可由于身体虚弱，终未能成行。

初来香港之时，在家人、朋友的陪同之下，他还游览了浅水湾、香港仔、道风山等处风景，可到后来，他的兴趣也消失殆尽，几乎足不出户了。

时相过从的除王云五之外，还有一位张先生。张先生曾是北洋时期的政要，与蔡元培系同辈，二老相聚，回忆往事，也算是为暮年生活增添了几分意趣吧。

蔡元培所居住的柯士甸路带，居民大多为江浙人士，他们对这位儒雅的老先生十分敬重，每当有幼儿取名号之事必来拜访，蔡元培也从不拒绝，总是严谨选字，让来者满意而归。

蔡元培在香港的生活，除了极少的外事活动，也有过难忘的自家"派对"。1939 年 4 月 4 日，是香港一年一度的儿童节，当日蔡家子女狂欢。女作家莎菲携儿女参加，科学家何尚平也前来庆祝。蔡元培郑重致辞，来宾也分别演说，最后是孩子们的精彩表演，或歌舞、游戏，抑或是讲童话故事，场面热闹非凡。这也是这位老教育家最后参加的一次儿童节了。

蔡元培平生餐饮方面并无明显喜好，唯独喜爱家乡黄酒，每日必饮。可大病之后的他，也不得不听从夫人的指示，严格控制，每餐只饮一杯。

在蔡元培身边任秘书的余天民说，蔡元培晚年体弱多病，与营养不良有关。这似乎有点说不过去，一代大家，为何会因营养不良而致病？其实很简单，蔡元培公职收入有限，对兑换港币加上物价飞涨的支出实在很难维持。加之其本人向来朴素，日子就过得更拮据了。

出于无奈，蔡元培曾向老朋友王云五请求经济援助。一生致力于强国富民的蔡元培，自己清廉自守，在最后的岁月里却置身如此贫困之境地，实在令人心生敬佩之情！

而当时间进入 1940 年，蔡元培似乎可不必再承受生活之贫苦了。

3 月 1 日，蔡元培脸色突变，周峻以为有祸事发生，遂求医诊治，医生方面认为是血压过低，并无大碍。

3 月 2 日，周峻陪着蔡元培直到凌晨 4 点，后蔡元培坚持让周峻休息，周峻才回房就寝。

3 月 3 日一早，蔡元培起床时忽觉头晕目眩，随即摔倒在地，口中吐血不止。医生前来诊治，认为只能输血，可蔡元培年事已高，怕身体吃不消，遂把他送到医院治疗。

次日下午 2 时，蔡元培面色惊慌，不能言语，两手抽搐不已，做抵触状，几分钟之后才稍有平息。医生出于无奈，只得采取输血措施。

下午 6 时，医生还不知病症。医生辩论之中，周新模糊听到蔡元培所讲的最后几句话，仍旧是为国家的前途担忧，倘若每个人都能心怀爱国之心，不顾及个人私利，那么救国之路必会更加平坦……

当天夜里，医生给蔡元培输血，其呼吸困难，几乎只能往外吐气，同时手脚冰凉，眼皮已不能眨动。待到凌晨 3 点，蔡元培努力地睁开双眼，眼中噙满泪水，望了望周峻，略微点头。医生输完血后，蔡元培再次陷入昏迷之中，似乎不再有清醒之征象了。后来又再次输血，可为时已晚，无力回天了。

5 日上午 9 时 45 分，一代宗师永远闭上了双目，享年 73 岁。

蔡元培的遗体被放在香港仔华人公墓。

蔡元培就这样走了，这是全中国应该哀叹的一天，中华民族，从此失去了一位伟大的教育家，中国人民也失去了一位为自由民主鞠躬尽瘁的战将。